介護現場の「困りごと」解決マニュアル

倫理的視点で読み解く30事例

中村裕子 著

中央法規

はじめに ―この本を手にとってくださった皆さまへ

この本を手にとっていただいたことに、心より感謝いたします。

同時に、もしかしたら介護について悩みや困りごとがあるのではないかと心配になります。

しかし、この本を読み進めていただければ、きっと悩みや困りごとの原因が明らかになり、対応方法が見えてきて、問題解決への目途が立てられるようになると思います。

この本は、個々の事例について単に解決策を示すのではなく、問題を解決するための知識と考え方を習得できるよう工夫されています。

本書の構成は次のとおりです。

本書の構成

第1章 よくある介護の悩みや困りごとを紹介し、それらを解決するための条件と視点を理解します。

第2章 「問題解決の6原則」を理解し、問題解決の手順をシミュレートしながら6原則の活用方法を学びます。

第3章 さまざまな困りごとの事例について、「問題解決の6原則」を用いて読み解くことで、問題解決力の向上を図ります。

「倫理なんて、むずかしそう…」と構えずに、ぜひ、リラックスして読み進めてみてください。

目次

はじめに　―この本を手にとってくださった皆さまへ

第1章　"困りごと"が生じる原因と解決のための条件

1 あなたならどうする？ ……………………………………………………… 2
2 こんな経験は、ありませんか？ …………………………………………… 3
3 なぜ、このような問題が起こるのでしょう？ …………………………… 5
4 介護に関する困りごとの"根本的な解決"のために ……………………… 6

第2章　「問題解決の6原則」と活用方法

1 倫理的な配慮と「問題解決の6原則」 …………………………………… 10
2 「問題解決の6原則」の活用方法 ………………………………………… 13
　1　「倫理的配慮」が必要な点は？ ………………………………………… 14
　2　「倫理的配慮」を行う際に必要な「倫理的調整の規則」 …………… 17
　3　実践内容に対する「倫理的検証」の方法 …………………………… 20

第3章　倫理的視点で読み解く介護現場における"困りごと"事例

1 利用者と介護職の間に生じる困りごと …………………………………… 30
　事例**1**　息子に診断名を伝えたことを怒っている利用者への対応 ……… 31
　事例**2**　実習生による介護を拒否する利用者への対応 ………………… 36
　事例**3**　他の利用者に罵声を浴びせる利用者への対応 ………………… 39

事例 4	「どうしてもいちばん風呂がいい」という利用者への対応	43
事例 5	「自宅で暮らしたい」という利用者への対応	47
事例 6	食事を「いらない」という利用者への対応	51
事例 7	入浴をいやがる認知症の利用者への対応	56
事例 8	事故防止のために拘束帯を付けている利用者への対応	60
事例 9	デイケアの迎えに応じず、玄関の鍵を開けない利用者への対応	66
事例 10	セクハラをする利用者への対応	70
事例 11	特定の職員に贈り物を渡す利用者への対応	77
事例 12	数人でお金を出し合って、特定の職員に贈り物をする利用者への対応	81
事例 13	職員に差し入れを続ける利用者・家族への対応	85
事例 14	デイサービスの利用者から、後日、インフルエンザだったと報告があったときの対応	89
事例 15	特定の職員以外のかかわりを受け入れない利用者への対応	94
事例 16	気の合わない利用者がいるため、デイサービスに来なくなった利用者への対応	98
事例 17	利用者同士のもめごとへの対応	102
事例 18	もめごとが絶えない利用者への対応	107
事例 19	利用者の物を誤って破損してしまったときの対応	111
事例 20	施設のルールを守らず、注意する職員に嫌がらせをする利用者への対応	115

2 利用者と家族間、家族と介護職間等に生じる困りごと … 121

| 事例 21 | 退院後に自宅に戻りたい利用者と施設で暮らしてほしい家族への対応 | 122 |
| 事例 22 | 息子夫婦の世話になりたくない利用者と施設入所に反対する家族への対応 | 128 |

事例23	トイレで排泄したい利用者とおむつを着用してほしい家族への対応	135
事例24	利用者や家族の要望が事業所の標準的レベルを超えるときの対応	141
事例25	デイサービスの利用者が家族から虐待を受けている場合の対応	149
事例26	利用者を虐待している職員がいる場合の対応	157
事例27	真実を告げなかったために、夫の臨終に間に合わなかった利用者への対応	163
事例28	利用者に病名を告げることについて、家族間で意見が分かれる場合の対応	169
事例29	胃ろうの造設について、家族と専門職の意向が異なる場合の対応	177
事例30	"利用者が望む介護"について、介護職と看護職で理解が異なる場合の対応	183

(参考)日本介護福祉士会倫理綱領

参考文献

おわりに

第 1 章

"困りごと"が生じる原因と
解決のための条件

1 あなたならどうする?

　近年では、高齢者が体調を崩して入院したことをきっかけに、その後の生活を自宅ではなく介護施設などで送ることも多くなっています。自分一人で身のまわりのことができなくなると、家族は介護が大変なので、たとえ高齢者が自宅での生活を希望しても、施設に入所せざるを得ない場合も少なくありません。

　背景には、家族にとって仕事と介護の両立がむずかしいという状況があります。介護保険制度などを活用して居宅サービスを受けることもできますが、要介護度に応じてさまざまな条件があり、いつでもだれかがそばにいて介護をすることはむずかしいといえます。さらに、夜間はどうしても家族が介護を担うことになるため、やはり家族への負担が重く、結果として施設入所を選択する場合が多くなるようです。本当は、自宅で暮らしたい、人生の最期は自宅で家族と迎えたいと思っていても、家族に迷惑をかけるからと、施設入所を決断する高齢者もいます。

　このような状況について、あなた自身はどのように考えるでしょうか。たとえば、あなたが家族だったら、どのように考え、どのように決断しますか。あなたが施設の介護職の立場だったら、家族にどのようにアドバイスするでしょうか。

　そして、それらの決断やアドバイスについて、何を基準に(根拠に)「これでよかった。正しい決断だった」と納得することができるでしょうか。この根拠となるのが「倫理」であるように思われます。

　この事例に関する検討は、事例5(p.47参照)で行います。自分の考え方と比較してみてください。さまざまな考え方を知ることにより、人は成長するのだと思います。

Point!

大切な決断の根拠をしっかり理解し、納得しよう!

2 こんな経験は、ありませんか?

　介護現場で働く職員には、「守秘義務」が課せられます。一方、利用者は「尊厳の保持」が法律で保障され、すべてにおいて本人の意向が最優先されます。しかし、実際の介護現場では家族の意向が優先される場合も少なくありません。
　次の事例を読んで、考えてみましょう。

事例

　Aさん（69歳、女性）は、脳卒中で入院しました。軽い運動障害が残りましたが、退院が決まりました。しかし、同居する長女は働いており、Aさんが一人で自宅にいることはむずかしいと判断し、Aさんに伝えないまま、担当医と相談して施設への入所を決めました。
　病院の関係者には長女の意向で「Aさんには伝えない」という「守秘義務」が課せられ、長女の意向によりAさんにインフォームド・コンセントの実施もありませんでした。退院の日、自宅ではなく介護施設に向かう車中で、Aさんは激しく抵抗しました。

　もし、あなたがAさんだったら、この場面でどうしますか。または、あなたが、Aさんが入院していた病院のスタッフだったら、どうでしょうか。さらに、長女の立場だったら、どのように考えるでしょうか。
　この事例において、それぞれの人は、立場に応じて真剣に考え、「Aさんにとって最も適切な対応」を選択したと思われます。しかし、何を根拠に、"最も適切である"と判断したのでしょうか。そのときの判断の仕方や判断の基準は妥当だったのでしょうか。それは、だれがどのような理由で「妥当である」と判断したのでしょうか。

この事例に関する検討は、事例21（p.122参照）で行います。あなたの考えと検討結果を比べてみてください。介護を必要とする高齢者の幸せを考えるには、何が最も大切なのかが理解できると思います。

　人はだれでも、生まれながらして、幸せに生きるため「尊厳」という人間の価値が与えられています。私たち介護職には、人権擁護の大切さを理解するだけでなく、介護の倫理を実践に活かすことが求められます。

> **Point!**
> **利用者の尊厳を侵してはならないことを理解し、実践しよう！**

利用者の尊厳を重視する国、デンマーク・コペンハーゲンの春

3 なぜ、このような問題が起こるのでしょう？

　介護を必要とする高齢者の多くは、疾患等の影響で思うように話せなかったり、言われたとおりにできなかったりします。家族や介護職に知識や情報が不足していると、どうして言うとおりにしないのか理解できず、注意をしたり叱ったり、場合によっては罰を与えたり、拘束したりしてしまいがちです。

　身体拘束は、介護保険法により原則禁止されていますが、「例外」となる場合があり、実際には拘束が行われている現場もあるようです。

　特に、認知症の人では、状況を理解することがむずかしく、治療のための点滴のチューブを抜いたり、身体をかきむしって傷つけたり、立位が不安定でも一人で立ち上がろうとしたりするときには、手にミトンをされたり、両手をベッドの柵に縛られたり、拘束帯で車いすに固定されたりという実態があります。

　しかし、これらは、拘束すれば解決する問題なのでしょうか。かゆみの原因や車いすから立ち上がる理由、チューブを抜く理由を考え、対応することはできないのでしょうか。

　あなたが医療や介護に従事する立場だったら、どのように対応しますか。または、あなたが、利用者の家族だったら身体拘束についての「同意書」を書きますか。そのときの判断の根拠は、どこに求めるでしょうか。

　この事例に関する検討は、事例8（p.60参照）で行います。身体拘束については、さまざまな視点からの検討が必要であるように思われます。

　介護実践の目的は、人が幸せになることであって、苦しみや悲しみを増やすことではありません。法律の解釈や介護職の都合だけでなく「介護の倫理」に従って実践することの大切さを理解しましょう。

> **Point!**
> **介護に関することで困ったときは、倫理的な解決を試みよう！**

4 介護に関する困りごとの"根本的な解決"のために

　日常生活に介護が必要になり、「どこでだれに介護をしてもらうか」を決めるとき、家族の負担を考えると、多くの高齢者は、本心を曲げなければならない現状があります。つまり、憲法や法律で保障されているにもかかわらず、実際には限界があることがうかがえます。また、Aさんの事例（p.3参照）でみたように、高齢者が体調を崩して入院すると、退院時に自宅に帰ることがむずかしくなる状況もめずらしくありません。高齢者の幸せな生活は、憲法や法律で保障されるものの、思うようにはならない現実にとまどうことも多いでしょう。

　さらに、認知症などにより、日常生活の自立が困難な状態になると、憲法や法律で保障される人権も保持されにくい状況になることがわかります。この状況に対して、だれも責めることはできず、それぞれの立場の人がよかれと思って行っている結果であると受け止められます。しかし、多くの人たちは、このままでよいとは思っていないのも、また、事実ではないでしょうか。

　では、すべての人が"円満に、幸せに暮らす"ためには、どうしたらよいのでしょうか。憲法や法律で定められた内容を実践に活かして介護の問題（困りごと）を解決するにはさまざまな方法がありますが、まず「生命倫理」や「職業倫理」「介護の倫理」の視点に配慮することが大切です。「倫理」は、私たちが生きるための方策を示すと同時に、憲法や法律の運用の仕方を示すものとして重要だからです。したがって、介護に関するさまざまな問題は、生命倫理のほか、公益社団法人日本介護福祉士会や公益社団法人日本社会福祉士会の「倫理綱領」などに基づいて解決することが提案されます。しかし、それは、だれでも容易に実践できることではありません。

　そこで、本書では、現場で使いやすく理解しやすいように、「生命倫理に配慮した問題解決法」として整理し、問題解決に必要な視点のすべてが、このあと紹介する「問題解決の6原則」とその活用法に含まれるように工夫しました。

　これらを用いることにより、倫理的で合理的な判断や決断がしやすくなります。

法律と倫理は、どちらを守ったらいいの？

　「法律」は、物事を行う場合の基準、標準を示すものです。破った場合には罪となり、一般に罰が与えられます。他方、「倫理」は、物事を行う場合の最高のレベルを示すもので、理想を求めるものです。破っても罪にはならず、したがって罰もないことが多いようです。

　そうなると、「法律と倫理は、どちらを守ればいいか」と聞かれたら、間違いなくほとんどの人は「罪となり罰が与えられるのはいやだから、法律を守る」と答えると思います。多くの人が「法律を守ればよい」と考え、「倫理は守らなくてもよい」と考える傾向には、こうした考えが根底にあるのかもしれません。

　しかし、法律だけを守っても、決して適切な対応とはならず、倫理を守ってこそ、きちんとした対応が可能となることが示されています。国内外の多くの法律は、倫理に基づき草案されており、すべてのことを考え、行動する際の基盤は「倫理」であるとされます。損得で規定される罪や罰はわかりやすい一方、心理的に負う罪や罰はわかりにくいとされますが、倫理を破った場合の弊害は、心理的に負う罪や罰に似ているかもしれません。ただし、本書で扱う事例では、倫理を守る場合と守られない場合では、その差は一目瞭然です。倫理は理想をめざして、すべての命を大切に思う視点であり、慈しみを育む視点でもあります。したがって、倫理も法律も大切であり、ともに守ることが求められるように思います。

第 2 章

「問題解決の 6 原則」と活用方法

1 倫理的な配慮と「問題解決の6原則」

　介護の問題（困りごと）を解決するのに、なぜ"倫理的視点"や"倫理的配慮"が大切なのでしょうか。理由は次のように考えられます。

> ### 「倫理的配慮」が必要な理由
> ①介護をする人（以下、介護職）とされる人（以下、利用者）の関係が"強者と弱者"の関係におちいりやすく、利用者の立場を擁護する視点が必要とされるため。
> ②介護実践の過程は、介護職と利用者の間で行われる行為であり、生命や身体を直接扱ううえに、他者の目にさらされることが少なく、事実確認がむずかしい。また、介護職の倫理観に左右されやすい実践であるため。
> ③介護実践の過程にかかわる人は、利用者、家族、介護職、主治医、ケアマネジャー、その他の関係者など多数であり、利害関係も複雑なため。

　上記の「倫理的配慮が必要な理由」は、介護問題の解決がむずかしい理由と重なります。つまり、介護にまつわるさまざまな問題をむずかしくしている原因は、法律や道徳や慣習をどう守ったらよいのかがわからないためだと思われます。

　結果として、いい加減な対応になってしまったり、判断を誤ってしまったりして、高齢者の生活の質が低下し、介護職は専門職としての自信を失ってしまうのではないでしょうか。

　法律や道徳を「どう守ったらよいのか」を考え、対応方法を見出す視点こそが「（生命）倫理的な視点」ですが、日本人にはなじみが薄いかもしれません。しかし、介護の問題を解決するには、これら倫理的な視点を無視することはできません。

　介護の問題を解決するには、「倫理的配慮とは、具体的に何をすることなのか」を理解し、実践する必要があります。下記の「問題解決の6原則」は、実際に

倫理的配慮をふまえた行動をとる場合の基本姿勢です。

　この原則には、「倫理的配慮が必要な理由」に含まれる4つのポイント【①利用者の尊厳（人権・人格・人間性）の保持、②介護職の実践内容の保証、③利用者への危害や不利益の回避、④法律および介護職の倫理観の重視】が含まれています。

問題解決の6原則

原則❶	利用者の思いや立場を最優先する。
原則❷	利用者の元気なころの生活環境の維持をめざす。
原則❸	介護実践により利用者のQOLの向上につなげる。
原則❹	利用者にとって予測される危害や不利益を避ける。
原則❺	法律を守り、正しい知識や技術、経験を適切に活かす。
原則❻	分け隔てなく、いつでもだれに対しても尊厳ある介護を実践する。

　この「問題解決の6原則」は、人が意思決定をする際に普遍的にかかわるとされる「普遍的生命倫理の原則」（p.12参照）を基盤としています。この「問題解決の6原則」に従って行動することで、倫理的実践が可能となります。

普遍的生命倫理の原則

①自律尊重の原則	当事者の意向を最優先する原則。尊厳やプライバシーの保護などにかかわる。
②善行の原則	最良の結果を優先する原則。介護内容の質や介護職のレベルの保持にかかわる。
③無害性の原則	利用者にとっての不都合や不利益・危害などを予測し、事前に避けることを求める原則
④公平・正義の原則	だれにでも分け隔てなく、法律や正しい知識や技術を用いて実践することを求める原則

　ここに紹介した「普遍的生命倫理の原則」は、世界的に多くの倫理綱領や倫理規程などの基盤とされるもので、日本でも医療や政治の領域での判断基準とされます。この「普遍的生命倫理の原則」は、「生命倫理学（bio-ethics）」（北米学派）で提唱されるもので、本書の「問題解決の6原則」の根拠になるものです。

　たとえば、問題解決の原則❶は、普遍的生命倫理の「①自律尊重の原則」、問題解決の原則❷と❸は、普遍的生命倫理の「②善行の原則」、問題解決の原則❹は、普遍的生命倫理の「③無害性の原則」、そして問題解決の原則❺と❻は普遍的生命倫理の「④公平・正義の原則」を、それぞれより所としているといえます。

　それでは、前ページに示した「問題解決の6原則」がどのように用いられるのか、具体的な事例をとおして確認し、理解を深めましょう。

2 「問題解決の6原則」の活用方法

実際に、「問題解決の6原則」を用いて、介護の問題を一緒に考えてみましょう。

事例

Bさん（67歳、男性）は、10年前に妻を亡くし、長男夫婦と同居しています。3年前に農作業中に倒れ（脳卒中）、日常生活の自立がむずかしくなり、現在は、嫁の介護を受けて生活しています。要介護3で、週2回デイケアを利用者しています。

最近、ケアマネジャーは、長男夫婦から「来年の春、息子（Bさんの孫）が小学生になるのを機に、父親（Bさん）を介護施設に入所させたい」という相談を受けました。現在Bさんが使用している部屋を、孫の勉強部屋にしたいことと、嫁がパートに出たいことが理由でした。子どもが小学生になると、PTA活動などの機会が増えるので、衣類や化粧品にかかる費用をパートで得たいと考えているようでした。

一方、Bさんは「自分が建てた家で暮らして、何が悪い」と言い、長男夫婦の提案を受け入れません。このような状況のなか、これまでおじいちゃん子だった孫が、「おじいちゃんのせいで勉強部屋がもらえない」と話していることから、長男夫婦は悩み、今回の相談に至りました。

1 「倫理的配慮」が必要な点は？

まず、この事例で「倫理的配慮」が必要な点を探すために、「問題解決の6原則」(p.11参照) に照らして見ていきましょう。

原則❶ 利用者の思いや立場を最優先する。

解説 長男と嫁、孫の意向は、「施設入所」で一致しているため、Bさんの思いや立場が最優先されていないと考えられます。

原則❷ 利用者の元気なころの生活環境の維持をめざす。

解説 家族と一緒に自分の建てた住み慣れた家で、老後や終末期を過ごしたいというBさんの思いを、家族が否定する状況となっています。

原則❸ 介護実践により利用者のQOLの向上につなげる。

解説 現在Bさんは嫁の介護を受けていますが、このまま嫁の介護を受け続けるのか、それとも介護専門職に委ねるのか、どちらが今後のBさんのQOLの維持・向上に適しているのかが問われます。

今回は長男夫婦が相談に来ていることから、嫁を頼るのはむずかしいことが予想されます。Bさん自身は、自宅で長男夫婦の介護を受けたいと希望しても、実際には、BさんのQOLが保障されるとは限らない状況が考えられます。

原則❹ 利用者にとって予測される危害や不利益を避ける。

解説 Bさんにとって、「介護施設に入所した場合に予測される不都合や不利益」は、これまでのような自宅での生活ができなくなることです。たとえば、不慣れな環境でくつろぐことができなかったり、日常生活に張り合いがなくなったり、楽しさや喜びが得にくくなるなど、QOLの低下が心配されます。

この点が回避されなければ、Bさんの施設入所は倫理的な対応とはいえないことになります。したがって、長男夫婦の意向に従う場合には、入所するにしても「BさんのQOLが低下しない」という保証が必要となります。

他方、Bさんの意向を優先する場合には、長男夫婦や孫との信頼関係の悪化が予測されます。これが回避されない限り、倫理的にはBさんの意向を優先することはできないといえます。

原則❺ 法律を守り、正しい知識や技術、経験を適切に活かす。

解説 法律を守る場合には、まずBさんの希望が優先されます。しかし、長男夫婦が同意しない場合には、Bさんは孤立状態となり、Bさんの権利は尊重されますが、"幸せかどうか"は倫理的判断に委ねられることになります。

そこで、正しい知識や技術、経験などを駆使して、原則❶〜❹の解説に基づいて対応することになります。

原則❻ 分け隔てなく、いつでもだれに対しても尊厳ある介護を実践する。

解説 介護施設への入所は、Bさんを特別扱いした結果ではなく、介護保険制度を適用することです。しかし、適用するかしないかはBさんの意向によります。

入所したくないという意向であれば、Bさんの意向を尊重するのが原則です。しかし、Bさんの意向を尊重する結果としてBさんに大きな損害や不幸な状態が予測される場合には、「尊厳ある介護」を実践することはむずかしくなります。

この事例において、「尊厳ある介護」をBさんに提供するには、自宅で家族が行うのがよいか、それとも施設で専門職が行うのがよいのか、その判断には倫理的配慮が必要となります。
　したがって、原則❶～❹の解説に基づいて対応することが求められます。

　以上、「問題解決の6原則」の❶～❻について検討した結果、この事例の「倫理的な課題」は、次の点にあることがわかりました。

> **この事例で"倫理的配慮"が必要な点**
>
> ① Bさんの意向に従い、自宅で嫁に介護をしてもらう場合には、長男夫婦や孫との関係が悪化しないような倫理的配慮が必要である。
>
> ② 長男夫婦の意向に従い、Bさんが施設入所する場合には、Bさんの同意と施設入所後のQOLの維持・向上を保障するための倫理的配慮が必要である。

2 「倫理的配慮」を行う際に必要な「倫理的調整の規則」

1 で検討した結果、この事例の倫理的配慮が必要な点（倫理的課題）が把握されたので、次の段階として、その"倫理的課題"を解決する方法を検討します。

「問題解決の6原則」（p.11参照）に適合しない状況（倫理的課題＝倫理的配慮が必要な点）については、少しでも原則に近づけるように、下記の「倫理的調整の規則」に従って、対応を工夫することが求められます。

倫理的調整の規則

①できるだけ不都合や損害を被る人の数を減らすよう、対応を工夫する。
②できるだけ不都合や損害の量を減らすよう、対応を工夫する。

この事例では、倫理的課題の解決方法として、次の2つの選択肢（ 選択肢1 および 選択肢2 ）が考えられます。どちらが実践可能でしょうか。事例によって、どちらも可能な場合もあれば、どちらもむずかしい場合もあり、慎重に状況を判断しながら"倫理的調整"を行うことが必要となる場合もあります。

この事例は、どうでしょうか。課題ごとに解決への経過を検討してみましょう。

選択肢 1　自宅で暮らす場合、長男夫婦や孫との人間関係を保証する

現時点で、孫が「おじいちゃんのせいで勉強部屋がもらえない」と話していることから、長男夫婦がこれまでどおりにBさんの介護を続けることは、むずかしくなることが予測されます。

つまり、長男夫婦は、これまでBさんの介護をしてきましたが、孫の小学校入学をきっかけに、介護を専門職に委ねたいと提案したといえます。積もり積もった嫁の気持ちを無視して、今後も自宅で嫁の介護を受けることは、将来に向けてあまりよい結果に結びつかないことが予測されます。パートに出たいという嫁の気持ちや勉強部屋がほしいという孫の希望をあきらめさせることの代償は大きいように思われ、Bさんと長男夫婦・孫との信頼関係を保証するのはむずかしいといえます。

選択肢 2　施設入所の場合、Bさんの同意を得て、入所後のQOLを保障する

選択肢1の実行が困難なことから、選択肢2の可能性を模索します。

まず、Bさんが施設入所をいやがる理由を知るために、デイケアに来ているときに何度かBさんに話を聞き、介護施設への入所を拒否する理由を聞きました。

その結果、Bさんは施設のことがよくわからず、施設での介護や生活をイメージできていないことが把握されました。そこで、Bさんや長男夫婦と話し合い、近くの介護施設に入所しているBさんの知人を探し、お見舞いと称して訪問することにしました。

訪問先では、同級生や先輩、小学校の先生に出会えるなど、思いもかけないこともありました。疎遠になっていた若いころの友人と出会い、今後の人生についての考え方が広がったようでした。

定期的な訪問を続けて4か月ほど経過すると、Bさんは、次第に施設訪問が楽しみとなり、知人も増えて「Bさんも一緒にここで暮らしませんか。家族に迷惑をかけずに暮らせていいですよ」などと、声をかけられるようになりました。

このような経過から、Bさんが地域社会や施設入所者に受け入れられることを確信し、Bさんの入所後のQOLは保証されるとの結論に達しました。そこで改めてBさんに施設入所に対する思いを聞いてみました。

　Bさんの施設での生活に対する印象は、大きく変わっていました。施設で出会った友人や知人が、Bさんの想像を超えて「幸せそうに見えた」と話してくれました。自宅は長男夫婦と孫に任せ、「ときどき帰る場所」「死んだら帰る場所」と考え、いまは「介護施設で過ごすほうが合理的かもしれない」とBさんは話し、「できれば〇〇さんのいる施設で、私も生活したい」と希望を話しました。

　施設訪問を通じて、身体状況の変化に応じて「介護する家族の負担」が重くなることも実感し、何よりも、長男夫婦や孫との人間関係を大切にしないとBさん自身が幸せになれないと気づいたと話していました。つまり、自分の幸せや都合を優先して考えるのが人間の特性ですが、それだけでは幸せになれないと気づいたということでした。「孫の入学に、勉強部屋の改装が間に合うといいな」「孫にありがとうって言われたいな」などの言葉も聞かれました。

　長男夫婦とBさんを交えた話し合いの場を設定し、Bさんから施設入所への同意を得た旨を伝え、Bさんから直接、孫への思いを伝えてもらいました。嫁は「お父さん、ありがとうございます」と言い、孫は「ぼく、頑張るから」と笑顔で言いました。長男は「親父の好きなときに、家に帰って来られるようにするから」と少しすまなさそうな表情でした。

　その後、2か月ほどしてBさんは希望した介護施設に入所しました。正月やお盆、お彼岸、孫の誕生日や近所のお祭りなどのときには、Bさんが自宅で過ごせるように、介護スタッフは家族と協力して、順調な経過をたどっています。

3 実践内容に対する「倫理的検証」の方法

　この事例では、課題の解決に向けた過程は「問題解決の6原則」と「倫理的調整の規則」に従って実践され、一応、円満解決という結果に至ったと考えられます。しかし、問題解決の作業はこれで終わりではありません。

　問題解決に向けて行われた実践内容が「妥当であったか否か」について、必ず検証することが求められます。

　「妥当であったか否か」の検証は、次のような「倫理的検証の視点」に従って検証することになります（詳細はp.29「倫理的側面の検証シート」参照）。

倫理的検証の視点

①利用者の思いや立場を最優先する実践であったか。

②利用者の元気なころの生活環境や権利を保持する実践であったか（差別や侮辱、拘束などに配慮する実践であったか否かを含む）。

③利用者のQOLの向上に向けた実践であったか（暮らしやすく生きがいある生活が送れるような実践だったか否かを含む）。

④利用者に生じる可能性のある不都合や不利益、危害などを、適切な方法で回避して実践がなされていたか。

⑤法律や科学的根拠に基づき、有用な経験や地域の習慣等を大切にした実践が、利用者のQOLや尊厳の維持に活かされていたか。

⑥利用者の人権を擁護し、すべての人を分け隔てなく、温かく見守る実践がなされていたか。

また、この「倫理的検証の視点」に照らして、実践内容が妥当でなかった場合には、前出の「倫理的調整の規則」に従って、改めて解決をめざすことになります。

　この事例の実践結果や過程に対し、「倫理的検証の視点」に従って検証を試みると、いずれも適合していると考えられます。この事例のように「問題解決の6原則」に従って倫理的対応を行った場合には、多くの場合、倫理的検証の視点を満たす結果となり、「倫理的調整の規則」の適用は不要となります。

　以上の経過は、図1の「倫理的な課題解決の過程」としてまとめることができます。第3章では、さまざまな事例について、この「倫理的な課題解決の過程」に従って、問題解決を試みます。介護現場で生じるさまざまな問題が、図1のチャートが示す一定の手段を用いることで、容易に解決できることが実感できると思います。同時に、介護現場の課題解決に"倫理的な視点"を導入することが、いかに大切であるかがわかると思います。

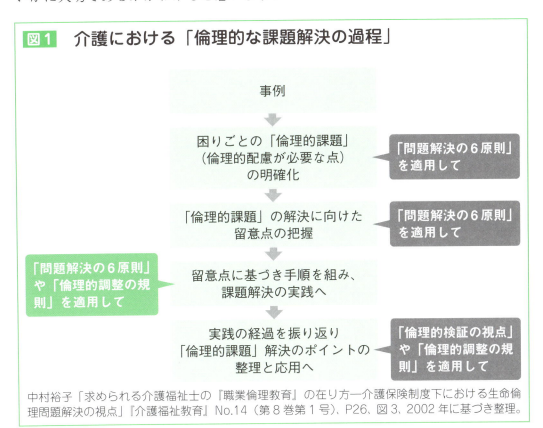

図1　介護における「倫理的な課題解決の過程」

中村裕子「求められる介護福祉士の『職業倫理教育』の在り方―介護保険制度下における生命倫理問題解決の視点」『介護福祉教育』No.14（第8巻第1号）、P26、図3、2002年に基づき整理。

第3章

倫理的視点で読み解く介護現場における"困りごと"事例

第3章では、第2章までに学んだ知識と手順をふまえて、介護の現場で身近に経験する倫理的な課題の解決事例をわかりやすく解説します。

　「 1 利用者と介護職の間に生じる困りごと」では、主に利用者と介護職の間の事例を取り上げ、「 2 利用者と家族、家族と介護職の間に生じる困りごと」では、主に利用者と家族、介護職の間に生じる課題、介護職同士または他職種との間に生じる少し複雑な課題を取り上げました。第3章で紹介する30事例は、多くの介護現場からの声や関係機関の統計結果に加え、介護福祉の教育現場の声を参考に構成しています。これらの事例について学ぶことで、日々、介護の現場で出会うさまざまな困りごとに対して、落ち着いて向き合うことができるようになります。

　倫理的課題の解決方法は、1つではなく複数あるのが通常です。しかしすべての方法をここで紹介するのはむずかしいため、本書では、最も実行しやすい解決方法を紹介しています。本書に示される解決方法をヒントに、さまざまに検討してみてください。

　事例の困りごとの解決のプロセスは、図2の5つのステップで展開されます。

　直ちに解決方法を模索するのではなく、まず事例をしっかり読んで、内容を理解することが大切です。次に、倫理的に課題となる点を把握するため、「問題解決の6原則」(p.11参照) に照らして検討することになります。これがStep3の作業です。「倫理的課題を発見するためのチェックシート」(p.26参照) を活用すると、倫理的に課題となる点がより簡単に把握できると思います。それぞれの事例において、どこが倫理的に問題となるのか、つまり6つの原則のうち、どれが守られていて、どれが守られていないのか、探し当てることがStep3であり、問題解決の基本となります。

図2　「困りごと」の解決のプロセス

Step1
どこに倫理的な問題があるか、考えてみよう。

Step2
あなたならこの問題をどのように解決するか考えてみよう。

> 第1章と第2章で学んだことを根拠に進めます。

Step3
「問題解決の6原則」に照らし、「倫理的課題」を明らかにしよう。

- 倫理的課題を見つけ出す方法や根拠、問題点を示します。

Step4
「倫理的調整の規則」に従い、解決の方針を立てよう。

- 解決に向けた方針や根拠、工夫のポイント等を示します。

> Step1・2に答えるために行うのが、Step3・4・5です。

Step5
解決の方針に従い、解決に向けた実践をしよう。

- Step4の方針に従い、具体的な実践方法を示します。

「倫理的課題」を発見するためのチェックシート

問題解決の6原則	主な観察ポイント	○×
原則❶ 利用者の思いや立場を最優先する。	利用者の思いや立場が大切にされず、利用者が満足できない状況にある場合には、本原則は守られていないと判断する。	
原則❷ 利用者の元気なころの生活環境の維持をめざす。	通常の健康な人に保障される人権や生活状況と比較して、事例の状況が異なり、利用者の健康なころの状況を逸脱するような場合には、本原則は守られていないと判断する。	
原則❸ 介護実践により利用者のQOLの向上につなげる。	生活支援（介護実践）を行うことにより、利用者の日常生活が過ごしやすくなり、生きがいのある生活を送ることができる場合には、本原則は守られていると判断する。	
原則❹ 利用者にとって予測される危害や不利益を避ける。	利用者に対して介護実践を行う場合、その結果、利用者に不都合や不利益（けがや金銭的負担、心理的ストレスなど）が生じないよう、避ける手立てを取らなければならないが、現状として回避されておらず、利用者に不都合や不利益・危害等が生じている場合には、本原則は守られていないと判断する。	
原則❺ 法律を守り、正しい知識や技術、経験を適切に活かす。	提供される介護実践の内容が、法律や科学的根拠、確固たる経験に基づき、利用者の生活環境やQOLが維持される状況にある場合には、本原則は守られていると判断する。	
原則❻ 分け隔てなく、いつでもだれに対しても尊厳ある介護を実践する。	利用者の人権を擁護し、介護される立場となった利用者を、健康な人と差別することなく、いつでも利用者を大切に思い、侮辱したりせず、人間として温かく見守る状況にある場合には、本原則は守られていると判断する。	

○：原則が守られていると判断される場合
×：原則が守られていないと判断される場合

このチェックシートを活用して、「倫理的な課題」を探し当てたら、次は、守られていない原則に対して、具体的に「どうすれば、原則が守られる状況になるのか」という"問題解決に向けた方針"を立案します。これがStep4です。ここでは「問題解決の6原則」や「倫理的調整の規則」（p.17参照）に基づき、解決に向けて方針を立てることになりますが、慣れるまでは、次ページに示す「解決の方針を立てるためのスローガン」を頼りにしながら立ててみるとよいでしょう。

　この「解決の方針を立てるためのスローガン」は、「問題解決の6原則」で示される実践内容を「倫理的調整の規則」に従う内容に整理したものです。したがって、このスローガンを指針としてStep4を行うことにより、進めやすくなります。このスローガンを用いて繰り返し解決の方針を立てる作業を試みると、次第にスローガンを用いなくても問題解決に向けた方針が導けるようになります。あせらず、第3章の解説を読み返し、倫理的思考や判断の仕方を身につけましょう。

ドイツ・デュッセルドルフにある高齢者介護施設の庭。地域住民との交わりの場になっている

解決の方針を立てるためのスローガン

問題解決の6原則	スローガン
原則❶ 利用者の思いや立場を最優先する。	①利用者の思いや立場を擁護する実践を見つけて方針に。 ②利用者の思いが優先されない原因を見つけて方針に。 ③利用者の立場が優先されると困るのはだれか、何人かを把握しよう。 ④優先されない場合に困るのは利用者だけで、③の人数のほうが多いときには、原則❷、❸、❹、❺の検討結果に従う。
原則❷ 利用者の元気なころの生活環境の維持をめざす。	①元気なころと異なる環境・状況を把握しよう。 ②元気なころと異なる環境・状況となった原因を見つけて方針に。 ③元気なころの環境維持をめざすと、迷惑を被る人数や不都合が増える場合は、原則❹、❺、❻の検討結果に従う。
原則❸ 介護実践により利用者のQOLの向上につなげる。	① QOLが低下する原因を見つけ、環境と人間関係の改善を図ろう。 ②①により、迷惑を被るのはだれか、何人かを把握し軽減を図ろう。 ③②が不可能な場合は、原則❹、❺、❻の検討結果に従う。
原則❹ 利用者にとって予測される危害や不利益を避ける。	①原則❶、❷、❸を実行するときに、生じる可能性のある不都合や不利益・危害を、事前に回避するための手立てを工夫しよう。 ②事前の回避が不可能な場合は、それらのことは実施しない方針で。
原則❺ 法律を守り、正しい知識や技術、経験を適切に活かす。	①原則❶、❷、❸、❹を実行するときに、経験に基づき、法律や専門知識・技術を適正に用いる方針を立てよう。 ②①が不可能な場合は、倫理的に無理な実践と考えられるので、代替案を立てる方針を提案しよう。
原則❻ 分け隔てなく、いつでもだれに対しても尊厳ある介護を実践する。	①原則❶、❷、❸、❹を実行するとき、いつでもだれに対しても平等に、人権や尊厳に配慮した実践となるよう、方針を立てよう。 ②①が不可能な場合は、倫理的に無理な実践と考えられるので、代替案を立てる方針を提案しよう。

　最後のStep5では、Step4までの段階で得られた「問題解決の方針」を受けて、介護の現場で具体的に課題を解決する方法を示すことになります。Step5の作業は、介護専門職が学んできた生活支援の知識や技術を、Step4の方針に沿って、

介護の原則に従い、対人援助や環境調整を工夫していく作業といえます。Step5では、介護職が専門性を発揮できる作業であり、日ごろの介護福祉実践そのものであることから、Step4の結果に従うという制約を除けば、容易に行える作業であると思います。

　Step5で示された実践内容が、倫理的に適切なものであるかどうか心配な場合には、第2章で学んだ「倫理的検証の視点」(p.20参照)に従って確認してみてください。下に示す「倫理的側面の検証シート」を利用して「問題解決の6原則」と検証結果の関係を可視化して理解しやすくするのも、問題点を発見する(守られていない原則を見つける)には便利です。そして、もし、倫理的に問題のある点が見つかった場合には、Step4、Step3を振り返り、原因を探し、再検討を行い、倫理的な事例解決の実践となるよう努めてください。

倫理的側面の検証シート

検証の視点	検証の内容	○×
原則❶の検証	利用者の立場を最も優先した実践であったか。 利用者の意向を最も優先した実践であったか。	
原則❷の検証	利用者の元気なころの生活状況を維持する実践であったか(差別や侮辱、拘束などに配慮するものであったか否かを含む)。	
原則❸の検証	利用者の日常生活を過ごしやすくする実践であり、生きがいのある生活を送ることができるような実践であったか。	
原則❹の検証	利用者に不都合や不利益、危害などが予測される場合には、それらを事前に適切な方法で回避して実践がなされていたか。	
原則❺の検証	法律や科学的根拠に基づき、信頼される諸先輩の経験や地域の習慣等を大切にした実践であり、利用者の生活環境やQOLの維持に活かされていたか。	
原則❻の検証	利用者の人権を擁護し、健康な人と比較したり差別したりせず、いつもすべての利用者を温かく見守り、平等に対応していたか。	

○：実践した
×：実践しなかった

1 利用者と介護職の間に生じる困りごと

　介護をされる人と介護をする人の立場は真逆に近く、利用者が生活や身体に不自由を抱えているのに対し、多くの介護職は他者の世話ができる状態であり、健康です。両者の力関係の不均衡は一目瞭然であり、弱い立場の人に対して適切な配慮を行うために、"生命倫理に基づく実践"が求められます。このような不均衡な力関係にある"介護をされる人（利用者）とする人（介護職）"の間では、多くの困りごとが生じます。

　特に問題となるのは、利用者の尊厳や人権に対する配慮の仕方についてです。介護の現場では、利用者の尊厳や人権に配慮しようと思っても、できない事情があることも少なくありません。しかし、そのようなときでも「倫理的対応はできません」という回答ですむものではありません。また、利用者の価値観もさまざまなので、介護職は配慮したつもりでも利用者の気分を損ねてしまい、両者の関係がギクシャクしたり、事故に発展したりすることもあります。したがって、何か困りごとが生じた際に、解決に向けた対応ができるよう、日ごろから倫理的に解決する方法を身につけておくことが大切です。

　1 では、利用者と介護職の間に生じやすい"困りごと20事例"について、解決を試みます。

事例1

息子に診断名を伝えたことを怒っている利用者への対応

　ひとり暮らしのAさん（71歳、男性）は、要介護1の認定を受け、デイサービスを週2回、利用しています。少し歩行がゆっくりで、物忘れもありますが、自ら話すことも、他者の話を理解することもできます。主治医から軽度認知症の診断を受けています。

　先日、他県に住む息子から電話で様子を聞かれた際に、担当の介護職がAさんの診断名を伝えました。数日後、Aさんが「なぜ、息子に私の診断名を伝えたのか」「だれの許可を得て伝えたのか」と怒りをぶつけてきました。担当の介護職は、キーパーソンである息子には、事実を伝えるべきだと考えていました。

> **キーパーソン**
> 利用者本人の家族や親族などの関係者で、最も力になってくれる協力者、担い手などを意味する。

Step 1 どこに倫理的な問題があるか、考えてみよう。

> **Step 2** あなたなら、この問題をどのように解決するか、考えてみよう。

> **Step 3** 「問題解決の6原則」に照らし、「倫理的課題」を明らかにしよう。

問題解決の6原則
原則❶：利用者の思いや立場を最優先する。
原則❷：利用者の元気なころの生活環境の維持をめざす。
原則❸：介護実践により利用者のQOLの向上につなげる。
原則❹：利用者にとって予測される危害や不利益を避ける。
原則❺：法律を守り、正しい知識や技術、経験を適切に活かす。
原則❻：分け隔てなく、いつでもだれに対しても尊厳ある介護を実践する。

インフォームド・コンセント
本人が、病気や治療法、予後などについて十分な説明を受け、了解し同意すること。

① まず、原則❶に従い、「利用者の思いや立場を最優先した支援」を行っただろうか。
　おそらく、担当の介護職は、利用者ではなく家族の立場を優先していた点が指摘される。

② 原則❷の「元気なころの利用者の生活環境」をめざす支援をしただろうか。
　おそらく、Aさんが元気であれば、インフォームド・コンセントで意向を確認し、同意を得てから家族に診断名を伝えることになるが、それをしていないため、問題として指摘される。

③ 原則❹「利用者に予測される危害や不利益を避ける」はどうだろうか。
　息子に診断名を伝えることで、Aさんに何が起こるかなど、担当の介護職は考えてはいなかったため、Aさんが怒っている理由さえ理解できていないように思われる。このような点が問題として指摘される。

④ 原則❸、原則❺、原則❻については、明らかに反しているという判断はできないため、本事例の問題点は、原則❶、原則❷、原則❹を守れなかったことにあることが指摘される。

Step 4 「倫理的調整の規則」に従い、解決の方針を立てよう。

①原則❶と❷が守られなかったことで、Aさんに生じるかもしれない"不都合や不利益"を事前に回避することが求められる（原則❹）。したがって、Aさんにとって、どんな不都合や不利益が生じるかを予測し、Aさんと話し合い、具体的対応策を実施する。

②原則❶と❷を守らなかったために原則❸が破られ、AさんのQOLが低下している現状を改善するため、「倫理的調整の規則」に従い、Aさんにとって不都合や不利益が最小となるよう、Aさん、息子、担当の介護職と話し合い、具体的な実践に移す。

③事業所内で、二度と同様の事態を起こさないよう、"介護現場に必要とされる倫理"について、全職員に教育の機会を設け、職員指導を徹底する。

倫理的調整の規則
①できるだけ不都合や損害を被る人の数を減らすよう、対応を工夫する。
②できるだけ不都合や損害の量を減らすよう、対応を工夫する。

Step 5 解決の方針に従い、解決に向けた実践をしよう。

①施設長と担当の介護職は、Aさんに謝罪すると同時に、解決に向け話し合った。そこで、Aさんは、息子が診断名を知った経緯について話した。

②電話でAさんは息子から「認知症と診断されているのなら、介護施設に入ってくれ」と言われ、「そんな話、だれに聞いたんだ」と怒って電話を切ったという。

③施設長は、担当の介護職が息子をキーパーソンだと考えていたため診断名を伝えたが、Aさんの了解を得なかった点につ

いて謝罪した。そして、"Aさんの施設入所"の件については、Aさんの不都合にならないよう、対応することを約束した。

④担当の介護職から依頼を受けたケアマネジャーは「仕事で近くまで来たので、寄ってみました」と、Aさんの自宅を訪問した。そして「何か、変わったことや困ったことはありませんか」と尋ねた。Aさんは「お陰様で元気です。先のことですが、食事や風呂の準備は自分では無理ですかね」と聞いた。

⑤ケアマネジャーは、「居宅サービス」で対応できることをAさんに伝えた。ケアマネジャーは担当の介護職にAさんからの質問について伝え、今後に向けた支援について、息子やAさんと話し合うことを提案した。

その週末、息子とAさん、施設長と担当の介護職で話し合った。施設長は、認知症の症状の軽いうちは、住み慣れた自宅で暮らすのが最適だと説明した。担当の介護職は「居宅サービス」について説明し、Aさんがデイサービスを利用しない日にこれらを利用することを勧めた。Aさんの自宅で暮らしたいという気持ちを支援するため、息子にも協力をお願いしたところ、息子は「居宅サービス」に興味を示した。

⑥今回のことを反省し、管理者会議で相談し、全職員に対し教育の機会を設けることにした。各フロア長をとおして、いくつか検討事例を集め、講師を招いて、介護現場に必要な倫理の基本と具体的な実践方法について研修会を実施した。アンケートによると、受講した職員の多くが、日々の対応に自信がもてるようになったと回答した。

居宅サービス
利用者宅への訪問、施設への通所、短期入所など、在宅の利用者に提供されるサービス。

Column

「尊厳」はだれのもの？「守秘義務」の目的は？

　介護職として社会的任務を行う立場にある場合には、介護職自身に尊厳は与えられません。尊厳は、ひとりの人間にただ一つ与えられる価値で、「人間の私的な側面」に与えられる価値といえます。古代の聖書などによれば、だれも犯すことのできない人間の価値であり、この世に誕生したときに与えられる「人間の幸せに生きるための権利を保障するもの」であるとされます。

　介護現場では、介護される人（利用者）には尊厳が与えられ、すべての権利が最優先されるのに対し、介護する人（介護職）は社会的に仕事を担う「公人」であるため尊厳は与えられず、介護現場では倫理的に優先順位は最下位となります。それほど、介護される人の尊厳を保持することがむずかしいといえます。事例1で検討した"介護職の守秘義務"は、利用者が幸せに生き、最良の人生を送ることを保障するために守るべきものといえます。

中村裕子「要介護者の尊厳を支えるコミュニケーションの意義と実践の在り方」、『介護福祉』No.103、pp.23-35、2016年より抜粋要約。

事例2

実習生による介護を拒否する利用者への対応

　入所施設で暮らすBさん（69歳、女性、要介護3）は、2年前に脳卒中で倒れ、左上下肢に中度の片麻痺があります。主にトイレ誘導や入浴介助、食事介助などを受けています。Bさんは、施設職員の介助に対しては「ありがとう」と言いますが、実習生の介助は受け入れてくれません。担当の介護職が「Bさん、実習生のOさんと一緒にトイレに行って来たら」と言っても、「私は、若い人は無理…」と言って、顔をしかめます。実習担当職員としては、比較的コミュニケーションもスムーズで、認知症の症状もみられないBさんに、介護実習に協力してほしいと考えています。実習担当職員とBさんの担当の介護職は、上司に相談することにしました。

Step 1 どこに倫理的な問題があるか、考えてみよう。

Step 2 あなたなら、この問題をどのように解決するか、考えてみよう。

Step 3 「問題解決の6原則」に照らし、「倫理的課題」を明らかにしよう。

① Bさんの意向を優先すると、実習生には"実習ができない"という不利益が生じるため、Bさんに嫌がらせをしたり、不都合な状況に追い込んでしまう可能性が指摘される（原則❶、❸、❹、❺が守られていない）。

② Bさんの意向は、原則❶から権利として法的にも倫理的にも認められるが、実習生にとっては、不親切または非協力的な態度と感じられるため、Bさんを無理やり説得して同意させる可能性が指摘される（原則❶、❺、❻が守られていない）。

Step 4 「倫理的調整の規則」に従い、解決の方針を立てよう。

①まず、Bさんに断られたことで、実習生が傷つかないよう原則❹に従い、配慮すると同時に、断ったことで、Bさんが実習生や職員に気兼ねしたり、Bさんに不都合が生じたりしないよう、倫理的配慮が求められる。

② Bさんに協力してほしいと考え、実習担当職員や担当の介護職が、Bさんを説得したり協力を強要したりしないよう、実習生や職員に理解してもらうための教育が求められる（原則❶、❷、❹、❺、❻の実践）。

問題解決の6原則

原則❶：利用者の思いや立場を最優先する。

原則❷：利用者の元気なころの生活環境の維持をめざす。

原則❸：介護実践により利用者のQOLの向上につなげる。

原則❹：利用者にとって予測される危害や不利益を避ける。

原則❺：法律を守り、正しい知識や技術、経験を適切に活かす。

原則❻：分け隔てなく、いつでもだれに対しても尊厳ある介護を実践する。

倫理的調整の規則

①できるだけ不都合や損害を被る人の数を減らすよう、対応を工夫する。

②できるだけ不都合や損害の量を減らすよう、対応を工夫する。

Step 5 解決の方針に従い、解決に向けた実践をしよう。

①実習生全員に対し、Bさんの意向は倫理的にも法的にも認められる権利であることを説明し、理解してもらう機会を設けた。そして、実習生には、Bさんに肩身の狭い思いをさせないよう、Bさんに対し、「ご心配をおかけしましたが、もう、大丈夫ですので安心してください。これからもよろしくお願いします」とあいさつするよう指導した。そして、折にふれ、Bさんに会釈やあいさつなどをするよう勧めた。

②職員については、利用者が実習生の介護を拒否した場合の対応について、それぞれの担当者会議で話し合ってもらい、倫理的にも法的にも、利用者の権利として認められることを伝え、Bさんはじめ実習生の介護を受け入れない利用者に対して、嫌がらせや協力を強制したと誤解されるような行動は慎むよう指導した。

③施設や養成校の要望として、実習に向いている利用者に協力をお願いしたい場合は、事前に、利用者や家族に"介護実習の意義や目的"について説明する機会を設け、実習生を育てることが、利用者や施設にとって社会的使命であることを伝え、理解してもらうことが大切である。最近では、同意書をもらう施設も増えている。本事例の施設でも、Bさんの家族から質問を受けたので、説明をした。家族は理解を示し、Bさんに実習の目的やBさんの役割などを説明したところ、Bさんは「協力してもいい」と家族に話した。忙しいなかでも、信頼関係の構築のため、ていねいな話し合いの機会が大切である。

事例3

他の利用者に罵声を浴びせる利用者への対応

　Cさん（72歳、男性、要介護1）は、約1年前から、週2回デイケアを利用しています。結婚して、他県に住んでいる長女が、昨年のお盆に実家に戻った際、Cさんの様子がおかしいことに気づき、県立病院を受診した結果、軽度の認知症と診断されました。その後、デイケアを利用するようになりました。

　最近、他の参加者と一緒にテレビを観たり、おしぼりをたたんだりしているときなどに、他の利用者に「いつも黙っているけど、何だ！　出て行け！」「臭い、こっちに来るな」などと罵声を浴びせるようになりました。他の利用者は、皆黙ってしまい、異様な雰囲気となります。担当の介護職が、「Cさん、どうしましたか？　何か困ったことでもあるのですか。相談にのりますよ」と言って、雰囲気を和ませようと努力しても、「この人ね、何もしないでぼーっとしてるけど、どこかおかしくなったんじゃないの」などと、大声で言い続けます。職員の間では、いろいろ工夫をしていますが、毎回、同じような状況になるため事例検討会で話し合うことになりました。

Step 1　どこに倫理的な問題があるか、考えてみよう。

Step 2　あなたなら、この問題をどのように解決するか、考えてみよう。

Step 3　「問題解決の6原則」に照らし、「倫理的課題」を明らかにしよう。

①原則❶に従い、Cさんの意向を認めると、他の利用者の尊厳やQOLが損なわれ、倫理的に問題が指摘される。

②Cさんの意向に任せ、このような行動を続けると、Cさん自身の尊厳やQOLも損なわれることから、原則❷、❸、❹に反することになり、倫理的に問題が指摘される。

③担当の介護職が、Cさんの行為に対して、その場しのぎの対応を続ける場合には、原則❷、❸、❹、❺、❻に反することになるため、問題解決に向けた対応が求められる。

Step 4　「倫理的調整の規則」に従い、解決の方針を立てよう。

①Cさんの意向を優先すると他の利用者に迷惑がかかること

問題解決の6原則
原則❶：利用者の思いや立場を最優先する。
原則❷：利用者の元気なころの生活環境の維持をめざす。
原則❸：介護実践により利用者のQOLの向上につなげる。
原則❹：利用者にとって予測される危害や不利益を避ける。
原則❺：法律を守り、正しい知識や技術、経験を適切に活かす。
原則❻：分け隔てなく、いつでもだれに対しても尊厳ある介護を実践する。

倫理的調整の規則
①できるだけ不都合や損害を被る人の数を減らすよう、対応を工夫する。
②できるだけ不都合や損害の量を減らすよう、対応を工夫する。

から、Cさんの意向は優先できない。したがって他の原則で倫理的実践ができるよう倫理的調整が求められる。まず、このようなCさんの行為の原因を理解することが必要であり、原則❸と❺の実践が求められる。

② Cさんは認知症の診断を受けていることから、症状の進行により、このような行為に及んでいることが想定される場合には、周囲（介護職員）が、他の利用者やCさんが傷つかないよう尊厳に配慮した対応をすることが求められ、原則❷、❹、❻の実践が必要となる。

Step 5 解決の方針に従い、解決に向けた実践をしよう。

① Cさんの意向に基づく行為が、他者を傷つけ尊厳を損ねる行為であるため、原則❷の健康なころのCさんを取り戻してもらうため、原則❺に従い、原因を理解するため、担当の介護職、主治医と家族で話し合い、検査入院となる。

② ①の結果、脳疾患の進行が確認され、施設での行動は、認知症の進行がかかわっている可能性が指摘された。

③ 主治医によると、Cさんは頭がもやもやして、周囲の人の行動や言葉が十分理解できないことも多く、自信喪失、不満足や不快・不安な気持ちとなり、八つ当たりをしている可能性があるという。

④ そこで、担当の介護職は、原則❷、❸、❺に従い、Cさんに元気を出して自信をもってもらうため、Cさんの得意そうな役割を考え、昼食時や誕生会などで、あいさつをしてもらうことを提案した。Cさんは、少し照れながら、引き受けてくれ、リーダーシップを発揮して、役割をこなした。他の利用者も

Cさんを見直し始めたようで、悪口を言われた利用者も少しほっとしたようである。

⑤利用者が「問題行為」と思われる言動を見せるとき、介護現場を預かる職員は、本人の意向だとあきらめたり放任したり抑制したりせず、今回のCさんの場合のように、病気がかかわることも多いので、家族や主治医や他の専門職と話し合い、原因を見つける努力が必要と思われる。必ず原因があり、そして利用者本人の思いがあるので、介護職員は、利用者が自身で解決できない思いを、適切な手順（たとえば、「問題解決の6原則」など）に従い、本人に代わって解決に向けて支援する努力が、大切であるように思われる。

デンマークの高齢者介護施設。利用者のQOLの向上に向け仲良く園芸療法に取り組む

事例4

「どうしてもいちばん風呂がいい」という利用者への対応

　Dさん（81歳、男性、要介護1）は、デイサービスに通い始めて約5か月になります。3年前に妻を亡くし、身寄りもなく、ひとり暮らしをしていました。昨年末に、インフルエンザで入院したころから元気がなくなり、老人性うつと診断されました。ADLはほぼ自立していますが、食事の支度などの家事が十分にできず、寝ていることが多いことからデイサービスの利用に至りました。Dさんは、はじめは通所を敬遠していましたが、入浴と食事を提供してもらえるため、現在では、進んで週3回通うようになり、元気を取り戻してきています。

　約1か月前から、Dさんは担当の介護職に、入浴の順番をいちばん先にしてほしいと、毎回頼むようになりました。担当の介護職は「Dさんだけ特別扱いはできません」と説明するのですが、Dさんは聞き入れません。せっかく、うつ状態から抜け出したDさんの状態を維持したい気持ちもありますが、やはり職員としては、すべての利用者に、分け隔てなくサービスをする責務もあり、事例検討会議で検討することになりました。

> **ADL**
> 食事、更衣、整容、排泄、入浴、移動など、人が毎日の生活を送るための基本的な動作のこと。

Step 1
どこに倫理的な問題があるか、考えてみよう。

Step 2
あなたなら、この問題をどのように解決するか、考えてみよう。

Step 3
「問題解決の6原則」に照らし、「倫理的課題」を明らかにしよう。

①原則❶に従い、Dさんの意向を優先すると、他の利用者の権利を平等に扱えないという不都合が生じる点について、解決に向けて取り組む必要が指摘される。

②Dさんは、自分の意向が他者に迷惑をかけると同時に、自分自身に対しても、不利益が生じることを予測できないので、介護職はDさんに予測される不利益や不都合を回避するための支援を行う必要が指摘される（原則❹）。

③Dさんの意向に沿った実践がむずかしい場合には、Dさんの尊厳が損なわれやすいので倫理的配慮の必要性が指摘される。

問題解決の6原則
原則❶：利用者の思いや立場を最優先する。
原則❷：利用者の元気なころの生活環境の維持をめざす。
原則❸：介護実践により利用者のQOLの向上につなげる。
原則❹：利用者にとって予測される危害や不利益を避ける。
原則❺：法律を守り、正しい知識や技術、経験を適切に活かす。
原則❻：分け隔てなく、いつでもだれに対しても尊厳ある介護を実践する。

> **Step 4** 「倫理的調整の規則」に従い、解決の方針を立てよう。

① Dさんの意向を優先して、常に、いちばん先にDさんに入浴してもらう場合、他の利用者に対してどのように対応すべきか、施設内で相談しておくことが求められる。他の利用者にも同様の意向がある場合には、Dさんだけを優先することは、原則❻に反する。

② Dさんの意向を優先して、いちばん先に入浴することが続いたときに、他の利用者がDさんに嫌がらせをしたり、Dさんが孤立状態になることが予測される。また、Dさん自身も、何となく肩身が狭く、他の利用者と良好な関係が保てなくなる可能性も予測される。したがって、これら予測される状況を回避する手立てを考える必要がある（原則❹）。

③ Dさんの意向に沿えないことを、Dさんに伝える場合には、Dさんの心理面や尊厳に配慮した対応が求められる。原則❷、❸、❹、❺に従い、Dさんの意向を通すことで生じる不都合を説明し、生きがいをもって通所できるよう対応を工夫する。

倫理的調整の規則
①できるだけ不都合や損害を被る人の数を減らすよう、対応を工夫する。
②できるだけ不都合や損害の量を減らすよう、対応を工夫する。

> **Step 5** 解決の方針に従い、解決に向けた実践をしよう。

①事例検討会議の結果、担当の介護職とDさんで話し合ってもらうことになった。早速「Dさんは、どうしていちばん先に入浴したんですか」と確認すると、Dさんは「他人の入った後の湯は、いやだね」と言った。そこで、担当の介護職は「では、Dさんの後から入る人が、Dさんと同じように、やっぱりいやだと思うとしたら、どうしますか」と聞くと、「私

と同じように思う人いますかね」とDさんは言い、少し考えていた。「何か、いい考えがあったら、教えてくださいね」と伝え、その日は別れた。

② 翌週に改めて、Dさんと話し合い、「他の人がDさんと同じ思いだとして、もしもDさんが施設長だったら、どうする?」と尋ねると、Dさんは「自分だけ先っていうのは、まずいですかね」と言った。「実は、今までいちばんに入っていただいていたのは、Dさんが頑張って通っているからご褒美だったんです。他の人には内緒でした。でも、いつまでも内緒というのはよくないので、これからは、くじ引きかじゃんけんでいちばん先に入る人を決めてはどうでしょうか」と聞くと、Dさんは、「いいかもしれないね。俺も勝てば入れるから」と笑った。「Dさんも頑張ってください」と担当の介護職は言い、Dさんもすっきりした表情で、その日の話し合いは終わった。

③ 1週間後、Dさんはデイサービスにいちばん先に来て担当の介護職に「今日からじゃんけんで、いちばん先に風呂に入る人を決めるんだね」と言ったので、「それでいいですか」と言うと、「そのほうが平等でいい」とDさんは答え、「俺もじゃんけんしていいですか」と言ったので、「もちろん、平等です」と職員は笑って答えた。その後、Dさんは率先してじゃんけんで順番を競い、他の利用者との絆を深めている。

事例5

「自宅で暮らしたい」という利用者への対応

　Eさん（78歳、女性、要介護3）は、入所して2年目になりました。入所当初から自宅に戻りたいと訴えていましたが、同居する長女に、Eさんの介護をする人がいないので、自宅での生活はむずかしいと説得され、何とか今日に至っています。しかし、Eさんは最近、食も細くなり、会社を経営している長女の面会も減ったせいか、「死にたい。死んでしまいたい。生きていてもいいことがない」と言うようになり、担当の介護職に「死なせてほしい」などと頼むようになりました。担当の介護職が庭の散歩やテレビ鑑賞などに誘っても、とにかく自宅がいい、自分の家でないとだめだと言います。

　Eさんは、歩行器を使用してある程度移動できますが、脳卒中の後遺症があり、右手が思うように使えず、食事や着替え、入浴などをひとりで行うことはできません。施設長やケアマネジャーと相談し、改めて長女と話し合うことにしました。

Step 1　どこに倫理的な問題があるか、考えてみよう。

Step 2 あなたなら、この問題をどのように解決するか、考えてみよう。

Step 3 「問題解決の6原則」に照らし、「倫理的課題」を明らかにしよう。

問題解決の6原則
原則❶：利用者の思いや立場を最優先する。
原則❷：利用者の元気なころの生活環境の維持をめざす。
原則❸：介護実践により利用者のQOLの向上につなげる。
原則❹：利用者にとって予測される危害や不利益を避ける。
原則❺：法律を守り、正しい知識や技術、経験を適切に活かす。
原則❻：分け隔てなく、いつでもだれに対しても尊厳ある介護を実践する。

① Eさんの意向が聞き入れられない状況であることが、原則❶を破ることになり、倫理的に問題といえる。したがって、他の原則の実施により、EさんのQOLの向上や尊厳の保持の実施が求められる。

② 原則❶に反するだけでなく、EさんのQOLは低く、生きがいのある生活が営まれておらず、Eさんは「死にたい」と口にしていることから、尊厳の保持についても問題が指摘される。

③ 原則❷も実施されず、Eさんの意に反して入所した際に、予測された不都合や不利益を回避する工夫や努力がなされていない事実が問題として指摘される（原則❹が守られていない）。

倫理的調整の規則
①できるだけ不都合や損害を被る人の数を減らすよう、対応を工夫する。
②できるだけ不都合や損害の量を減らすよう、対応を工夫する。

Step 4 「倫理的調整の規則」に従い、解決の方針を立てよう。

① Eさんの意向が優先されず、長女の都合が優先される現実に対し、Eさんは十分に納得していない。その事実に対し、家族や担当の介護職、ケアマネジャーなど関係者で話し合う

必要があり、Eさんの訴えをしっかり聞き、Eさんの気持ちを受け止めることが求められる。

②どうしてもEさんの意向に沿えない場合には、EさんのQOLや尊厳に配慮し、Eさんが施設で暮らすことに同意し、生きがいを見つけられるよう、家族（長女）や担当の介護職は支援することが必要であり、工夫や努力が求められる。

③どうしてもEさんが施設での暮らしに生きがいを見つけられず、尊厳を損ねる状態から脱却できない場合には、倫理的に問題のある状況となるので、Eさんの意向について再度検討し、本人の希望する状態に近い生活環境の調整を試みる必要がある。

Step 5　解決の方針に従い、解決に向け実践してみよう！

①Eさんと担当の介護職は話し合いの機会をもち、「Eさんは、家に帰ったら、いちばん何がしたいのですか」と聞くと、「ゆっくりお風呂に入りたい。毎日ね」と答え、泣き出してしまった。「そうね、毎日、ゆっくりお家のお風呂に入りたいのですね」と担当の介護職は言った。

②事例検討会議で担当の介護職がEさんの意向を話すと、上司が「長女とEさんとで再度、話し合ってもらい、お互いの気持ちを理解しないと、Eさんの人権も尊厳も守れない」と言い、長女の都合に合わせ、その翌週に話し合うことになった。

③長女とEさんとの話し合いには、ふたりの了解を得て、担当の介護職とケアマネジャーが同席させてもらったが、結果として、物別れに終わった。

④③の結果をふまえ、改めて長女とケアマネジャー、担当の介護職が話し合った。倫理的には、Eさんの意向を最優先することとされる点、また、Eさんが施設での暮らしに"生きがい"を見つけられることが重要条件であることを伝え、現状では、どちらも守られていない状況を説明した。すると、長女は「私のせいですか」と聞くので、「あなたは、どう思われますか」と返すと、「そうだと思います。でも、どうしようもないんです。だから、私も困っています」と言った。

⑤「Eさんは、あと何年くらい、自分の家で暮らしたいと言い続けると思いますか」と尋ねると、「あと10年以上は言うのでは」と応えたので、「Eさんはそんなに長い間家に帰れず、苦しむのですか。Eさんは、毎日、お家でお風呂に入りたいと泣いていました」と伝えた。長女は困った様子で、また来週話し合う約束をして別れた。

⑥その日の夜、長女がケアマネジャーに電話で「私は仕事があるので介護はできませんが、介護保険や家政婦の協力を得て、当分の間、母が自宅で暮らせるようにしたいので、宜しくお願いします」と伝えてきた。

Column

介護者の見解が利用者の意向より優先される唯一の場合とは？

利用者の意向を優先した場合、利用者のQOLの著しい低下や生命の危機が予測される場合には、倫理的に介護者（専門職）の見解を優先することが許されます。しかし、その他の場合は、利用者の意向が優先されることになります。

事例6

食事を「いらない」という利用者への対応

　Fさん（90歳、男性、要介護4）は、約3年前から特別養護老人ホームで暮らしています。8年前に脳卒中で倒れて入院後、一度、自宅に戻って生活していましたが、次第に自宅での生活がむずかしくなり入所に至りました。軽度の右片麻痺と嚥下困難がみられます。妻（89歳）は、現在、自宅でひとり暮らしをしていますが、杖歩行で家事がやっとの状態のため、滅多にFさんを見舞うことはありません。また、同じ市内に暮らす長男夫婦は、共働きであり、孫も通学中のため、Fさん夫婦も長男夫婦も自宅での介護は望みませんでした。

　最近、Fさんは傾眠傾向が強くなり、食事も「いらない」と言うようになりました。認知症の診断は受けていませんが、担当の介護職は、本当にいらないのかどうか、Fさんの状況から判断できず、「Fさんの症状が進んだために食事だと理解できずに拒否しているのではないか。その場合でも、本人の意向として受け止め、食事は中止してよいのかどうか判断に迷う」と、上司に相談しました。

傾眠傾向
意識混濁の軽い状態で、うとうとしがちな状態。

Step 1　どこに倫理的な問題があるか、考えてみよう。

> **Step 2** あなたなら、この問題をどのように解決するか、考えてみよう。

> **Step 3** 「問題解決の6原則」に照らし、「倫理的課題」を明らかにしよう。

問題解決の6原則
原則❶：利用者の思いや立場を最優先する。
原則❷：利用者の元気なころの生活環境の維持をめざす。
原則❸：介護実践により利用者のQOLの向上につなげる。
原則❹：利用者にとって予測される危害や不利益を避ける。
原則❺：法律を守り、正しい知識や技術、経験を適切に活かす。
原則❻：分け隔てなく、いつでもだれに対しても尊厳ある介護を実践する。

① Fさんの意向に従う場合には、原則❶が唯一、実行されてはいけない条件に該当する。つまり、Fさんの意向に従うと、Fさん自身の命を失うか大きくQOLを損ねてしまう。したがって、Fさんの意向を優先する場合には、家族や主治医等の同意や正当性を証明する根拠を明確にすることが求められる。

② Fさんの意向に従わない場合には、FさんのQOLが維持されるよう工夫し、尊厳に配慮することが倫理的に求められる。

③ Fさんの意向が否定される場合には、原則❹から、予測されるFさんの不都合や不利益を回避することが求められる。

> **Step 4** 「倫理的調整の規則」に従い、解決の方針を立てよう。

倫理的調整の規則
①できるだけ不都合や損害を被る人の数を減らすよう、対応を工夫する。
②できるだけ不都合や損害の量を減らすよう、対応を工夫する。

① Fさんの意向を優先するか、しないかは、Fさんの人権にかかわる問題なので、単に「優先すればよい」とは言えず、意向の妥当性や体調、心理的側面などを確認することが求められる。

② Fさんの意向を優先することにより、Fさんの生命の危機が

示唆される事態なので、食事を拒否する理由を理解する必要がある。主治医や家族、施設の関係者そしてFさんと話し合い、Fさんの意向を理解するための根拠を見出すことが求められる。

③Fさんの意向を拒否する場合には、それによってFさんが被る損害や不都合を回避する工夫をし、QOLの維持と尊厳の保持に配慮して、適切な知識と技術を駆使して支援することが求められる。

Step 5 解決の方針に従い、解決に向けた実践をしよう。

①Fさんの意向を確認するため、ケアマネジャーと担当の介護職が居室を訪問すると、Fさんは目を開けてくれた。「食べるのは大変ですか」と聞くと、黙ってうなずいた。そこで、担当の介護職が「Fさん、飲み込まなくても栄養を摂る方法はありますから、頑張ってくださいね」と言うと、少し微笑んだ。「テレビをつけましたので、よかったらどうぞ」と言うと「ありがと」と低い声でつぶやいた。

②市内に暮らす長男夫婦と面会して、Fさんの状況を説明し、一度、主治医の診察をお願いしたいことを伝えると、長男は了解した。そして「父と主治医が望むなら、胃ろうの装着も同意する」と話した。そして「母と一緒に父に面会したい」と言ったので、ケアマネジャーと担当の介護職は了解し、上司に伝えた。

③翌日、Fさんの妻と長男がFさんに会いに来た。妻が「お父さん、どうですか」と聞くと、黙って妻の手を握った。妻は「お見舞いに来られなくて、申し訳ないね。何か食べたいものは、

ありますか」と聞くと、Fさんは無言のまま、首を少し横に振った。長男が「お父さん、口からでなくても、簡単な手術（PEG）で栄養が摂れるんだけど、やってみるか」と聞くと、今度は「面倒なことは、もういい」としっかりした口調で答えた。

④①〜③をふまえ、担当の介護職と言語聴覚士、主治医、施設長で話し合いをし、胃ろうの装着はせず、食事介助の際には担当の介護職に加え、言語聴覚士も同席することとした。Fさんの意識がある間は、経口摂取と点滴で対応し、嚥下に苦労しない程度にFさんの食事介助を行う方向で長男の同意を得た。Fさんは点滴で少し元気を取り戻し、食事の拒否も少なくなり、努力して摂取している。Fさんの妻と長男も以前より面会が増え、Fさんの生きがいになっているように思われる。

> **PEG**
> 経皮内視鏡的胃ろう造設術。口から食べることが困難な人が、チューブを用いて直接、胃に栄養を入れるための手術。

Column

北欧で見た"認知症の利用者の食事介助"の風景

　日本では、認知症の利用者が食事を「食べたくない」「いらない」と言ったり、無言で手で払いのけたりしても、「おいしいゼリーですよ、○○さんの好物でしょう」「ハンバーグですよ。いい匂いですね」などと言い、再度、利用者の口に運んだり、勧めたりすることが多いと思います。しかし、ドイツやデンマークの介護現場で見かける風景は、多くの場合「どうぞ、たくさん食べてくださいね」「今日は、かぼちゃのスープとミートボールですよ」など、メニューの説明や食事の準備ができたことを告げる言葉がほとんどです。つまり、「おいしい」とか「○○さんの好物」など、

個人の判断にかかわる「評価」や「感想」などにはふれない傾向にあります。また、利用者が断ったり、拒否したりした場合には、再度、勧めたりする様子も見かけません。さらに、利用者はテーブルでじっと座って待ち、配膳などを手伝うこともあまりありません。レストランで客が配膳をしないのと同じ理由だということです。「本人の意向を大切にするため」「認知症があって施設で暮らしていても、人間の尊厳を保持するため」だと言います。「認知症などの症状から、十分に理解できず、対応がうまくできないため、意に反して食事を拒否するような状態は想定しないのですか」と質問したところ、「生命の危機が迫るような状況の場合には、医師や専門家に相談する」とのことでした。

しかし、ドイツやデンマークの認知症介護施設では、1年間の入所者の死亡率が50％を超えることも少なくないと言います。北欧における「人間の尊厳の保持」に対する人々の並々ならぬ認識の重みが、深く胸の奥に響きました。

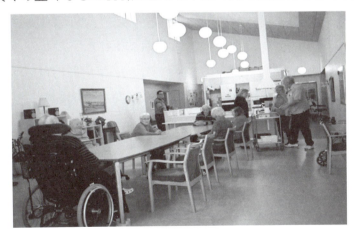

デンマーク・ボーゲンゼの介護施設の認知症棟での食事の配膳風景

入浴をいやがる認知症の利用者への対応

　Gさん（87歳、女性、要介護2）は、デイケアを利用して、約半年が経過しました。最近、これまで好きだった入浴を拒否するようになり、「Gさん、お風呂に入りましょう」と誘っても「私はいいから、あんた入っておいで」などと言い、入浴しない日が増えました。家族からは「入浴させてほしい」という要望もあり、担当の介護職は悩んでいます。

　Gさんは、地域の人気者で、10年ほど前までは、焼き鳥屋をしていたご主人とお店に出ていました。しかし、ご主人が脳卒中で倒れ、店を長男に譲ってからは、長男夫婦と同居し、夫や孫の世話に明け暮れていました。3年前に、夫が亡くなって間もなく、美容室に出かけたGさんは、住み慣れた地域で迷子となり、警察に保護されました。家族は心配し、受診した結果、アルツハイマー型認知症と診断されました。当時は、ときどき混乱する程度だったので家族で対応していましたが、孫たちは、大学や就職で家を離れ、長男夫婦も日中から店に立つことが多いので、半年前から毎日デイケアに通うことになりました。

Step 1 どこに倫理的な問題があるか、考えてみよう。

Step 2 あなたなら、この問題をどのように解決するか、考えてみよう。

Step 3 「問題解決の6原則」に照らし、「倫理的課題」を明らかにしよう。

① Gさんの意向を優先する場合に生じる不都合として、Gさん自身のQOLを損ねる可能性が指摘される。それら不都合が回避されない場合には、Gさんの意向を受け入れることは倫理的に問題となる（原則❹）。

② Gさんの意向に従わない場合には、それによって生じるGさんの負担や心理的痛手を回避することが求められる（原則❹）。

③ Gさんの意向を優先せず、家族や施設側の意向が優先され、無理に入浴させる場合には、原則❷、❸、❹、❺、❻に従う実践がなされ、Gさんの尊厳を侵さないことが保証されなければならない。それができない場合は、非倫理的行為となる。

問題解決の6原則
原則❶：利用者の思いや立場を最優先する。
原則❷：利用者の元気なころの生活環境の維持をめざす。
原則❸：介護実践により利用者のQOLの向上につなげる。
原則❹：利用者にとって予測される危害や不利益を避ける。
原則❺：法律を守り、正しい知識や技術、経験を適切に活かす。
原則❻：分け隔てなく、いつでもだれに対しても尊厳ある介護を実践する。

Step 4 「倫理的調整の規則」に従い、解決の方針を立てよう。

倫理的調整の規則
①できるだけ不都合や損害を被る人の数を減らすよう、対応を工夫する。
②できるだけ不都合や損害の量を減らすよう、対応を工夫する。

①Gさんが入浴をしたがらない理由が、病状によるのか、何か他に原因があるのかを理解する必要があり、家族や主治医、担当の介護職らと話し合う場を設定する。

②①の結果、認知症の進行による場合には、Gさんに入浴したくない理由を確認することが求められる。記憶障害などのため、自分が87歳ではなく、若いころの記憶のなかで入浴を考えているかもしれない。したがって、工夫によって、解決可能な理由の場合には、できるだけGさんの意向を優先しつつ取り組む努力をする。

③②で、解決のむずかしい理由により、入浴を拒否する場合には、無理やり入浴させるのではなく、入浴の目的をわかりやすく説明して理解してもらう機会を設け、怖がらないよう、少しずつ施設での入浴に慣れてもらう工夫と努力を試みる。

Step 5 解決の方針に従い、解決に向けた実践をしよう。

①担当の介護職がGさんに「お風呂は苦手ですか」と聞くと、「そうね、面倒なの」と答えたので、「着ている服を脱ぐのが面倒なのですか」と聞くと、「そうだね。自分の家ではないからね」と答えた。

②①から、Gさんが入浴を避ける理由は、脱衣にあることがわかった。次の日、顔見知りのYさん（92歳、女性）が入浴するところに、「いま、Yさんがお風呂に入るところだから、会いに行きましょう」と誘い、Yさんが、職員に手伝っ

てもらいながら脱衣しているところに行った。「あら、Gさん、しばらくだね。もう入ったの？」とYさんはGさんに聞いた。担当の介護職は、「もう少し後に入る予定なんです。Yさんの姿を見かけたから来てみました」と言った。Gさんはじっとyさんの脱衣の様子を見ていた。

③部屋に戻りながら、「GさんもYさんみたいに、脱ぐのを手伝ってもらいたいですか」と聞くと、「私は、いやだね。他人に裸は見せたくない」と言ったので、担当の介護職は「では、ゆっくりひとりで脱げるように、だれもいないときに入りますか」と言うと、Gさんは「だれもいないときに、ひとりで？」と、少し不安そうに言うので「私がいれば大丈夫ですか」と聞くと少し微笑んだ。

④後日、長男夫婦に、①から③の経過を伝え、病状の進行などについて理解するため、一度、病院を受診するよう勧めた。長男は無理やりでも入浴させてほしいと話したので、施設長が"本人の意向を最優先することの大切さ"を伝えた。そして、担当の介護職が「できるだけ無理せず、自然な形で少しずつ慣れるのがよい」と説明し、長男夫婦に協力を依頼した。その後、Gさんは、シャワーは肌着のままでできるようになり、Yさんと一緒のときは、タオルを巻いて入浴するようになった。

事故防止のために拘束帯を付けている利用者への対応

　Hさん（69歳、女性、要介護3）は、2年前に脳卒中で倒れ、後遺症として言葉の障害と右上下肢に軽度の麻痺があります。認知症の症状はありません。夫は、Hさんが46歳のときに、交通事故で亡くなりました。その後、息子らは就職や結婚で他県に移り、Hさんは60歳の定年まで働き、その7年後に倒れて、介護施設に入所となりました。

　施設では、Hさんは車いすで移動することが多く、ときどき車いすから立ち上がろうとして転倒してしまいます。骨折などしたら大変だと、担当の介護職はHさんに拘束帯をつけることにしました。Hさんはいやがって、力を振り絞って叫び身をよじっていました。しかし、担当の介護職は「身体拘束が尊厳に反する行為」という立場はとらず、Hさんの事故防止・安全確保を優先して、身体拘束を続けました。他の職員からHさんの身体拘束について、問題視する意見が出されましたが、担当の介護職は「ご家族からの了解を得ているので大丈夫です」と答えました。

Step 1 どこに倫理的な問題があるか、考えてみよう。

Step 2 あなたなら、この問題をどのように解決するか、考えてみよう。

Step 3 「問題解決の6原則」に照らし、「倫理的課題」を明らかにしよう。

① Hさんの意向に反して、Hさんに拘束帯を着用させている点は、家族の了解を得ている場合でも、原則❶に反するため、問題として指摘される。

② Hさんの意向に反して、家族や担当の介護職の意向に沿って、生命維持や安全の視点を優先させる場合には、そのために生じる「Hさんの不都合や不利益」などについて、事前に予測し、回避する義務が、担当の介護職にはある（原則❹）。しかし、それが実施されていない点が問題として指摘される。

③ 介護現場では、「日本介護福祉士会倫理綱領」（p.189 参照）に示されるように、家族や担当の介護職の意向が利用者の意向より優先されることは、生命の危機など特別の場合を除き、認められない。万が一、利用者の意向が却下される場合には、利用者の尊厳が侵されないよう配慮することが条件となる。

問題解決の6原則
原則❶：利用者の思いや立場を最優先する。
原則❷：利用者の元気なころの生活環境の維持をめざす。
原則❸：介護実践により利用者のQOLの向上につなげる。
原則❹：利用者にとって予測される危害や不利益を避ける。
原則❺：法律を守り、正しい知識や技術、経験を適切に活かす。
原則❻：分け隔てなく、いつでもだれに対しても尊厳ある介護を実践する。

これらを施設全体で理解していない点が指摘される。

Step 4 「倫理的調整の規則」に従い、解決の方針を立てよう。

倫理的調整の規則
①できるだけ不都合や損害を被る人の数を減らすよう、対応を工夫する。
②できるだけ不都合や損害の量を減らすよう、対応を工夫する。

①Hさんの意向が認められず、担当の介護職の意向によって、拘束帯の着用を強制されたことに対し、Hさんに謝罪すると同時に、一刻も早い改善策を提案する。
②担当の介護職の対応が倫理的に不適切であったことを、介護職自身に理解してもらうよう努めるとともに、尊厳ある介護を実践できるよう、再教育の機会をつくる。
③Hさんの転倒予防に拘束帯が必要か否かについて、家族の要望などから必要とされる場合でも、Hさんの尊厳を損ねたり、物理的かつ心理的な負担やQOLの低下が避けられない場合には、倫理的に拘束帯の使用は「不可」と判断されるので、慎重に検討する。
④施設全体で、利用者の意向に沿った"尊厳ある介護実践"のあり方について学ぶ機会を設け、「家族の了解を得られれば拘束を認める」という結果にならないよう再発防止に努める。

Step 5 解決の方針に従い、解決に向けた実践をしよう。

①担当の介護職は、Hさんの居室に行き、「いやなことをしてしまい、ごめんなさい」と謝ったが、Hさんは無言で目を合わせなかった。「これからは絶対にしないので、許してください」と言うと、Hさんは、泣きそうになりながら介護職の顔を見た。

②施設では、担当の介護職の交代を行った。新たにHさんの担当になった介護職が、Hさんにあいさつをしてから「Hさんは、ときどき車いすで立ち上がるのは、どうしてですか」と聞くと、「あっちへ…、あっち」と身体を揺らすので、「移動したいのかな、あっちへ行きたいんですね」と言うと、うなずいた。

③②から、忙しい施設では、言葉が思うように出ないHさんのニーズに十分応えられていなかったことがわかり、今後、定期的にHさんに声をかけることなどを試みることとした。

④施設長は介護職に、拘束帯を使用する際の条件を説明し、Hさんへの使用の妥当性について意見を聞いたところ、家族から「安全を最優先に」と頼まれていたと答えた。

⑤介護の倫理について、具体的な実践の仕方を十分に学ぶ機会がなかったという介護職に対して、施設長は映像資料を渡し、「このビデオを観て、感想をまとめて提出してください」といった。2週間ほどして、介護職は文書を提出し、施設長に「尊厳は大切なんですね。家族ではなく、Hさんの意向が最優先なんですね」と言った。

⑥それから2か月ほどして、施設では「尊厳ある介護実践に必要な知識と技術」と題して、全職員対象の研修会を実施した。介護現場の倫理問題に詳しい講師を招き、Hさんの事例に加え、問題となった他の事例の解決に必要な"生命倫理学上の知識と具体的対応の技術"について話してもらった。多くの参加職員が「家族の同意があると、安全第一という思いで拘束していたが、倫理を学び、尊厳ある対応の大切さを知り、深く反省した」とアンケートに書いた。

> 事例8について、もう少し掘り下げて考えてみよう！

介護職に求められる「身体拘束」の倫理的解釈

　介護現場で利用者に「身体拘束」を行う場合は、「介護保険指定基準の身体拘束禁止規定」に従うものと思われます。しかし"緊急やむを得ない場合に「身体拘束」が認められる"とする法的解釈は、倫理的、つまり「尊厳に配慮する介護実践」の視点から考える場合には、以下の理由から、慎重に実施の是非を検討することが求められます。

①倫理的には、「人間の尊厳」は、"だれもいかなる理由でも"侵すことはできないとされ、身体拘束によって利用者が感じる物理的・心理的な苦痛が、回避されない場合には、普遍的生命倫理の原則にふれることになります。

②「身体拘束」の理由によくあげられる「転倒の危険」「点滴を抜く」「暴れる」などは、利用者の「点滴や身体拘束を否定する行為」とも受け止められます。もし、利用者が"点滴の意味を理解できない"ために抜いてしまうのであれば、理解できるように支援することが求められます。つまり、"緊急やむを得ない"と判断し提示される理由の適切性が証明されない限り、「身体拘束」

は倫理的に課題の残る行為であることが示唆されます。

③ "緊急やむを得ない" と判断するのは、介護職や医療職であって利用者でないのがほとんどです。「身体拘束」を認める条件は、利用者の立場を守るというよりは、介護職や関係者の立場が優先される条件ともいえ、倫理的優先順位が逆転することから、運用には十分な倫理的検証が求められます。

④ 「身体拘束」を受けるのは利用者ですが、「身体拘束」許諾の自己決定はできません。利用者がやむなく示す"拒否のサイン"は、介護職や関係者から「抵抗」「無謀」「暴力」とみなされやすく、尊厳を侵される傾向は否めません。利用者が理解できない支援を身体拘束までして行うのは、同意を得ていないこともあり、たとえ適切な実践であっても、倫理的には課題が残るように思われます。まず、利用者に、実践内容をわかりやすく伝え、受け止めてもらい、安心できる環境と人間関係を調整することが大切だと考えます。

利用者の住居施設の入り口のカウンターに置かれた"ねぎらいの果実"(デンマークの精神疾患患者の住居管理センター)

事例9

デイケアの迎えに応じず、玄関の鍵を開けない利用者への対応

　Jさん（73歳、女性、要介護2）は、息子（次男、41歳、独身）とふたり暮らしです。夫が2年前に亡くなったあと、うつ病と診断され、食事も入浴も自力ではむずかしい状況です。歩行は可能ですが、バランスを崩しやすく、つまずいて転ぶこともあります。排泄は催促したり誘導したりしなければ、自分から行こうとしない状況です。

　息子がケアマネジャーに相談し、Jさんは週2回、デイケアに通うことになりました。しかし、職員が自宅に迎えに行くと、玄関は施錠してあり、チャイムを鳴らしても「息子が帰るまで開けられない」と言って鍵を開けてくれません。先に家を出る息子は、施錠せずに出かけるのは不用心であり、合い鍵も事故につながるからと断ってきました。Jさんと息子の生活習慣や信条を尊重したいのですが、Jさんを送迎車に乗せられないので、担当の介護職は困っています。Jさんに安全に安心して通所してもらうためにどう対応したらいいか、息子とJさんと話し合うことにしました。

Step 1 どこに倫理的な問題があるか、考えてみよう。

Step 2 あなたなら、この問題をどのように解決するか、考えてみよう。

Step 3 「問題解決の6原則」に照らし、「倫理的課題」を明らかにしよう。

①Jさんと息子の意向を尊重すると、担当の介護職は家に入ることができず、安全に送迎できないため、JさんのQOLの低下が予測され、原則❷、❸、❺、❻の実践がむずかしい点が問題として指摘される。

②Jさんと息子の意向を優先する場合には、その結果として生じる可能性のある「Jさんにとっての不都合」を予測し、回避することが、施設側に求められる（原則❹）。

③Jさんと息子の意向を優先できない場合、予測される"不都合"を回避することが求められるが、これらへの配慮が欠けている。もし、回避できない場合には、Jさんと息子の意向を却下することは倫理的にできないことになる。このような倫理的側面への配慮の必要性が指摘される。

Step 4 「倫理的調整の規則」に従い、解決の方針を立てよう。

①担当の介護職は、息子とJさんと話し合いの場を設けて、施錠する理由はわかるものの、Jさんを送迎するには、家に入る必要があることを説明する。そして、Jさんが施錠を自

問題解決の6原則
原則❶：利用者の思いや立場を最優先する。
原則❷：利用者の元気なころの生活環境の維持をめざす。
原則❸：介護実践により利用者のQOLの向上につなげる。
原則❹：利用者にとって予測される危害や不利益を避ける。
原則❺：法律を守り、正しい知識や技術、経験を適切に活かす。
原則❻：分け隔てなく、いつでもだれに対しても尊厳ある介護を実践する。

倫理的調整の規則
①できるだけ不都合や損害を被る人の数を減らすよう、対応を工夫する。
②できるだけ不都合や損害の量を減らすよう、対応を工夫する。

分で外すために必要な条件を模索し、可能性の有無を確認する。
②施設側の都合を優先する場合には、Jさんや息子に生じる"迷惑や不都合"を予測して回避し、尊厳に配慮することが求められる。しかし、回避がむずかしい場合には、施設側の都合を優先することはできない。これら倫理的側面に配慮した対応策を模索する。
③施設の内規などで、送迎の便宜を図るための"合い鍵"などがすでに規定されている場合でも、利用者の事情に応じることが、倫理的に求められることを、施設全体で共有する。

Step 5 解決の方針に従い、解決に向けた実践をしよう。

①担当の介護職は、Jさんと息子と話し合った。Jさんに「どうして、玄関の鍵を開けないのですか」と聞くと、「泥棒かもしれない」と答えた。担当の介護職は、「デイケアの○○です、と言っても開けてもらえなかったけど、だれだったら開けるのですか」と聞くと、Jさんは「息子」と言った。「息子さん以外は、むずかしいでしょうか」と聞くと、息子が「母は恐らく、私以外の人では開けないと思う」と答えた。
②当該施設では、送迎の条件として文書にて「鍵を施設に預けるか、鍵を掛けないこと」に同意してもらっている。スタッフ会議では、公平に扱う意味でも、本条件に同意しないJさんについては、送迎を断るべきだという意見も出された。しかし、施設長が「倫理でいう公平性や尊厳は、利用者の各々の事情に寄り添う意味が強い」と話し、工夫して対応を試みることで合意した。

③担当の介護職は、施設側が送迎を断った場合に、どのような不都合がJさんに生じるか予測した。その結果、日中の生活支援が受けられないため、さまざまな支障が考えられ、原則❶、❷、❸、❺、❻を実施できず、非倫理的実践となることがわかった。

④以上①②③をふまえ、再度、担当の介護職は、Jさんと息子と話し合いの場を設けた。息子に「もし、送迎でお宅に伺ったとき、息子さんが電話で鍵を開けるよう伝えたら、Jさんは鍵を開けられますか」と聞いた。すると、息子は「母は携帯を持っていて、私の電話には出ます」と言い、「お母さん、僕が電話して鍵を開けてと言ったら、開けられる？」とJさんに聞くと、「あんたが、いいよって言ったら、私、開ける」と答えた。早速、自宅で練習をした。翌日から、Jさん宅の玄関に着いたら、担当の介護職が息子に電話し、息子がJさんに電話をして「開けてもいいよ」と伝えると、JさんはドアをĦ開けられるようになった。

影って何？　捕まえらない…。でもいつも一緒！

セクハラをする利用者への対応

利用者Tさん（72歳、男性、要介護3）は、施設に入所して2年が経過したころから、女性職員に性的な行為をするようになりました。当初は冗談かと思い、何とか笑ってやり過ごしていたものの、先月入職した新人職員のX（21歳、女性）がTさんの居室を訪問した際に、性的な行為を求められたため、職員Xは泣きながら上司に報告し、その後、勤務を休むようになりました。その後も、Tさんの女性職員に対する性的な行為は止まないことから、スタッフ会議で対応を検討することとなりました。

Tさんの妻は亡くなっているため、Tさんの娘に相談したところ「施設の方針に委ねる」としつつも「さみしいのかもしれないので、大目にみてほしい」と言います。他方、スタッフ会議では、「施設内の風紀が乱れる」「女性職員は娯楽の対象ではない」など、さまざまな意見が出されました。Tさんは、他の利用者には性的な行為は行わず、ほとんどの場合、若い女性職員に対して行うなど、一定の傾向があるため、Tさんは性的欲求のコントロールに問題があるのではないかという指摘と、女性の介護職には性的な行為をしても構わないと思い込んでいるのではないかという指摘が出されました。利用者の間では、Tさんは女好きと思われているものの、あまり気にする様子はなく、ほぼ職員との間の問題に留まっています。今後のTさんへの対応については、引き続き検討することとなりました。

Step 1 どこに倫理的な問題があるか、考えてみよう。

Step 2 あなたなら、この問題をどのように解決するか、考えてみよう。

Step 3 「問題解決の6原則」に照らし、「倫理的課題」を明らかにしよう。

①Ｔさんの性的な行為の要求は、女性職員の職務内容には含まれないため、介護職という公的立場での対応は倫理的にはむずかしい。原則❶が適用されるのは、利用者の意向が介護上必要な場合であり、Ｔさんの性的な行為の要求は、原則❶の適用外と理解される。職員Ｘには、介護専門職として、このような事情をふまえ、Ｔさんの行動を未然に防ぐための対応が倫理的責務として求められる。

②Ｔさんが、「女性の介護職の役割を理解していない」あるいは「尊厳や倫理・価値観などについて十分に認識していない」と思われる場合には、原則❸、❹、❺、❻の実施に向け、Ｔさんの行動は性格や習慣によるのか、それとも症状なのか、理解する必要がある。

③施設職員や家族が、これまでＴさんの性的な行為の要求を

問題解決の6原則
原則❶：利用者の思いや立場を最優先する。
原則❷：利用者の元気なころの生活環境の維持をめざす。
原則❸：介護実践により利用者のQOLの向上につなげる。
原則❹：利用者にとって予測される危害や不利益を避ける。
原則❺：法律を守り、正しい知識や技術、経験を適切に活かす。
原則❻：分け隔てなく、いつでもだれに対しても尊厳ある介護を実践する。

大目にみて許してきたことは、上記①②の理由から問題となる。介護職は、Tさんの性的な行為の要求と生活環境や生活歴などとの関係について、どのように受け止めて、どのような根拠に基づいて、Tさんの生活を支援してきたのかが、原則❸、❹、❺、❻から問われる。

Step 4 「倫理的調整の規則」に従い、解決の方針を立てよう。

倫理的調整の規則
①できるだけ不都合や損害を被る人の数を減らすよう、対応を工夫する。
②できるだけ不都合や損害の量を減らすよう、対応を工夫する。

① 担当の介護職を中心に、Tさんの日常生活面について、Tさんの好きなこと、喜ぶこと、自主的にやろうとすること、いやがること、怖がることなど、人間関係も含め観察し、性的な行為の要求との関係について検討し、TさんのQOLの向上に向け、支援のあり方を工夫する。

② Tさんの性的な行為の要求を大目にみてきた職員の態度について、倫理的な側面から学ぶ機会を設け、職員自らが反省し未然に防ぐことができるよう、倫理観を培うための職員教育を行うことを、スタッフ会議に提案し、実行に向けて努力する。

③ Tさんの家族（娘）と話し合い、Tさんの施設内での性的な行為の要求を放任することは倫理的に問題があることを伝え、今後Tさんの生活を支援する場合に必要となる個人情報（医学的かつ心理学的知見に基づいた"Tさんの性的な行為の要求"に対する専門家の診断や見解および治療やカウンセリングなどの必要性の有無など）を収集することについて、家族から同意を得る。できれば、Tさんとも話し合い、Tさんの意向を重視すると同時に、施設側の方針に対して了解が得られるよう努める。

④Tさんの求める性的な行為は、介護職の職務外であるため、原則❶は適用されない。したがって、応じないことによって生じる可能性のある"Tさんの不満や不都合"を予測して、できるだけ"Tさんの不都合や痛手"が最小となるような生活支援が求められる。

Step 5 解決の方針に従い、解決に向けた実践をしよう。

①Tさんと娘と別々に話し合い、施設内での性的な行為は、介護内容には含まれないことを伝え、今後に向けて医師や心理士の診察を勧めたところ、Tさんも娘も「その必要はない」と言い「男女のふるまいについて、一昔前とは考え方が変わった」と言い、「いやなら、いやって言われたら、わかる」と話し、女性職員の役割は介護業務に限ることで、Tさんは納得した。娘は「父にとっては、職員さんは身の回りを世話してくれるので誤解しやすい」と話し、女性職員の男性利用者への対応の仕方に工夫を要する点を指摘し、施設側に改善を願い出た。

②利用者の意向が、介護業務内容を逸脱していたり、他の利用者の尊厳や人権を大きく損ねるような場合には、介護職員は利用者の意向に沿えない理由を、わかりやすく、しっかりした態度で伝える必要のあることを、施設内研修で全職員が学んだ。また、男性が入所した際には、利用者と家族に、女性職員の法的役割や業務内容を説明し、特別な恋愛感情や好意から利用者の世話をするのではなく、介護専門職の業務として行うことを説明することとし、早速、実施している。

③日常生活面の観察から、Tさんの性的な行為の要求は午後に

多く、特に3時のティータイムやテレビドラマを見終えた後、自室に戻った夕食までの時間帯に多く見られることがわかった。この時間帯にTさんをひとりにしない工夫をし、Tさんの趣味であるカメラや登山などをテーマにしたアクティビティを新たに設けた。

男性職員の協力もあり、やがてTさんを中心にした利用者のグループができ、撮った写真の回覧や掲示、山菜採りの計画などがもち上がり、徐々にTさんは本来の自分を取り戻しつつあるように思われる。最近は、Tさんの性的な行為の要求はあまり見られないという。

事例10について、もう少し掘り下げて考えてみよう！

利用者からの「セクハラ」に対する、適切な対応は？

　倫理的には、介護現場で"尊厳"を有するのは「私人」として生活する利用者であり、介護職員は仕事を行う「公人」という立場のため、"尊厳"は与えられないとされています。「日本介護福祉士会倫理綱領」（p.189参照）においても、すべての面で利用者の権利が擁護され、介護職員の尊厳や権利については、倫理的には利用者を超えることはないと考えられています。

　したがって、利用者からのセクハラに対して、施設内で勤務中であれば、利用者と同等の立場で権利を主張す

るのは、公人として働く職員の立場ではなく、個人（私人）としてふるまうことになってしまいます。たとえば、利用者のセクハラ行為に対して大声で騒いだり、押し避けたりした際に、運悪く利用者にけがを負わせたり、心理的に恥辱や屈辱感を与えてしまった場合には、利用者の尊厳を損ねたことになり、「介護職員としてやってはいけないこと」を犯す結果となるため、避けなければなりません。

したがって、介護現場で「公人」として働く介護職員がセクハラを受けた場合は、セクハラ行為と受け止めず、「どうしましたか？」「どこか具合が悪いのですか？」と利用者の手などを握り、体調確認を行うなど、利用者の気持ちを反らす対応が求められます。介護職員は、自身の公人としての立場を十分に理解して、利用者から見てセクハラの対象と誤解されないよう配慮し、利用者への業務を遂行することが求められます。

利用者からの「セクハラ」を防ぐポイント

①職業人として"髪型"は雰囲気づくりに大切である。結んだり、ヘアバンドで押さえたりするなどして、機能的・衛生的に働くスタイルにまとめ、家族（妻）や風俗業などと区別がつくよう努める。
②胸や腰回りのラインが強調されない衣服を着用し、清潔で明るい機能的な印象を与える着こなしを工夫して、家族（妻）や風俗業と区別がつくよう配慮する。利用者が外見から「介護職員」だと直感

できるよう努める。
③くつろげる環境づくりを実践する場合も、家族（妻）や風俗業との区別がつくよう配慮する。対人援助の方法（話し方、身のこなし方、笑い方、会話の内容など）を工夫し、一定の距離を保ち、誤解を招かないよう努める。

互いに尊敬し合い慈しみ合い、互いの役割を大切に

事例11

特定の職員に贈り物を渡す利用者への対応

　Kさん（76歳、女性、要介護3）は、3年前、大腿骨の骨折で入院・手術をしました。退院後も回復が思わしくなく、車いすの生活となり、1年ほど長男夫婦や夫とともに自宅で生活していましたが、排泄や入浴の介助が困難になり、半年ほど前に特別養護老人ホームに入所しました。

　最近、担当の介護職がKさんの部屋を訪ねたとき、引出しから紙包みを出して「若いころに私が買ったブローチだけれど、お世話になっているし、私はもう使わないので、あなたにあげる」と言い、真珠のブローチを渡しました。驚いた担当の介護職が断ると「たくさん家にあるので、ここで皆にあげているの。形見だと思ってね」と言いました。担当の介護職は急いで同僚に相談したところ、「私も先週、Kさんにもらった」と言い、「自発的に感謝の気持ちでプレゼントしてくれたのだから、もらってもいいと思う。無理やり返すのはかえってかわいそう」と話しました。担当の介護職はどうしたらいいか迷っています。

> **Step 1** どこに倫理的な問題があるか、考えてみよう。

> **Step 2** あなたなら、この問題をどのように解決するか、考えてみよう。

> **Step 3** 「問題解決の6原則」に照らし、「倫理的課題」を明らかにしよう。

問題解決の6原則
原則❶：利用者の思いや立場を最優先する。
原則❷：利用者の元気なころの生活環境の維持をめざす。
原則❸：介護実践により利用者のQOLの向上につなげる。
原則❹：利用者にとって予測される危害や不利益を避ける。
原則❺：法律を守り、正しい知識や技術、経験を適切に活かす。
原則❻：分け隔てなく、いつでもだれに対しても尊厳ある介護を実践する。

倫理的調整の規則
①できるだけ不都合や損害を被る人の数を減らすよう、対応を工夫する。
②できるだけ不都合や損害の量を減らすよう、対応を工夫する。

①原則❶に沿ってKさんの意向を優先する場合、結果として生じる可能性のある"Kさんにとっての不都合"を検討すると、ブローチがKさんのものでなかったときの対応や、家族が知って怒ったときの対応、さらには、Kさんへの対応が公平性を欠く可能性など、回避のむずかしい事態が予測されるため、Kさんの意向を受け入れることのむずかしさが指摘される。

②①の理由から、Kさんの意向を受け入れないことにした場合には、Kさんが自分の好意が否定されることから、心理的ショックを受けることが予測され、これらに適切に対応することが倫理的に求められる。しかし、それができない場合には、原則❶、❷、❸、❺、❻を守ることができず、非倫理的行為と解釈されるため（原則❶、❹）、Kさんの意向を受け入れざるを得ない状況が指摘される。

> **Step 4** 「倫理的調整の規則」に従い、解決の方針を立てよう。

①Kさんの意向に従う場合、ブローチをもらうことによって、

Kさんに迷惑や不都合が生じないかどうか検討する。まず第一に、ブローチは本当にKさん個人の所有物であるかどうか、家族はKさんの行為を知っているかどうかなどについて、慎重に情報を得ることが求められる。

② Kさんの意向を拒否する場合には、原則❺や❻に従い、介護職が利用者から贈答品を受け取ることは、施設等の規則で禁止されていることをKさんにわかりやすく伝え、がっかりさせないよう配慮し、QOLや尊厳を保つよう対応を工夫する。

③ 担当の介護職は、ブローチを受け取っているので、返却する場合には、Kさんの意向を拒否することに加え、「返却された」というショックをKさんに与えてしまう点に配慮した対応を心がけ、Kさんが被る可能性のある不都合や迷惑を、すべて回避できることを確認して、返却する。

Step 5 解決の方針に従い、解決に向けた実践をしよう。

① 家族が面会に来たとき、Kさんの若いころの話が出たので、さりげなくブローチについて話題にすると、息子は「母さんはブローチが好きでたくさん家に転がっている」と言い、「ここにも、少し持ってきていると思うから、もらったらいいよ」と笑った。そして、「嫁には内緒にしておくほうがいい。もめると面倒だから」と言った。

② Kさんの息子の言葉を、担当の介護職は同僚に伝えると、同僚は、「もし断ったら、Kさんが、がっかりするのはわかっていたので、私は受け取った。もし、あなたが受け取ったものを返すとしたら、Kさんは、どんな気持ちになるかしら。

返すことで事が大きくなり、お嫁さんに知れたら、Kさんはもっと大変になってしまうかも…。そのような事態を回避できる自信があるの？」と聞いた。担当の介護職は、考えた末、同僚やKさんの気持ち、息子の意見を受け入れ、Kさんに迷惑をかけないことを優先して、返却は諦めることにした。

③本事例の場合、Kさん自身の所有物であり、息子が、Kさんと同様の意向を示したので、②のような対応も倫理的に可能と考えられる。しかし、本人の所有物でなかったり、家族が知らなかったり、Kさんのような行為に対して反対する家族も多いことから、原則、利用者からの贈答品について、介護職は遠慮するのが無難といえる。特に、一度、利用者の意向を受け入れ、物品をもらってから返却するという行為は、倫理的配慮の実行が困難なため、非倫理的行為となってしまいやすいので注意が必要である。したがって、特別の場合（原則❹が守れないとき）を除き、すべての利用者に対して公平に贈答品を遠慮する姿勢を心がけることが、倫理的に求められるように思われる。

廊下の壁に咲いた"利用者の花"（ドイツの高齢者介護施設）

数人でお金を出し合って、特定の職員に贈り物をする利用者への対応

　Lさん（81歳、男性、要介護1）は、ひとり暮らしで、デイケアに週3回通っています。約3か月前に屋根を修理中に転落し、足を骨折して入院。退院後、リハビリテーションを兼ねてデイケアを利用しています。Lさんは、40歳台で妻と死別し、男手ひとつで長男・長女を育ててきました。子どもたちは結婚し、他県で生活しています。Lさんは、この地域で生まれ育ったため、地元を離れて息子や娘と同居する意思はありません。

　世話好きで顔見知りも多く、リーダー的な存在のLさんは、仲間5人からひとり500円ずつ集金し、担当の介護職の誕生日に、3,000円相当の小銭入れを贈りました。担当の介護職は喜んで受け取りましたが、別の職員から「どうしてあなただけもらうの？」「Lさんにお金を払った利用者さんの家族は、了解しているの？」などと言われ、悩んだ末に上司に相談しました。話を聞いた上司は、急いで施設長に相談しました。

 どこに倫理的な問題があるか、考えてみよう。

Step 2 あなたなら、この問題をどのように解決するか、考えてみよう。

Step 3 「問題解決の6原則」に照らし、「倫理的課題」を明らかにしよう。

問題解決の6原則
原則❶：利用者の思いや立場を最優先する。
原則❷：利用者の元気なころの生活環境の維持をめざす。
原則❸：介護実践により利用者のQOLの向上につなげる。
原則❹：利用者にとって予測される危害や不利益を避ける。
原則❺：法律を守り、正しい知識や技術、経験を適切に活かす。
原則❻：分け隔てなく、いつでもだれに対しても尊厳ある介護を実践する。

①仲間でお金を出し合い、世話になった人に贈り物をすること自体は、一般社会でよくあることだが、介護関連の施設では、Lさんに同調した利用者の判断力などが問題となりやすく、家族の同意の有無やお金の出所などが問題化しやすい。したがって、原則❶に従って、Lさんの意向を優先する場合に生じるさまざまな不都合を予測し、回避することが施設側に求められる（原則❹）。

②①で示した不都合を回避できない場合には、Lさんの意向は、倫理的には許されない行為になる。今回は、すでに贈り物を購入し、渡した後なので、できるだけ予測される不都合を回避するための努力が求められる。また、同時に、今後の予防対策も求められる。

③担当の介護職以外の職員とLさんや利用者5人との関係、担当の介護職と他の職員同士の関係、そして、Lさんや利用者5人とその他の利用者同士の関係に、何らかの差別感や不平等性が生じやすく、原則❻に反する可能性が予測され、対応が求められる。

Step 4 「倫理的調整の規則」に従い、解決の方針を立てよう。

① 500円という金額なので、家族の了解を得なくても出金が可能だった可能性もあるが、担当の介護職は、Lさんや5人の利用者に折を見てさり気なく、利用者本人の所持金だったかどうか、また、家族と相談したかどうかについて確認する。そして、反対した家族や、お金を出した家族がいた場合には、担当の介護職は家族に会って事情を説明し、理解を得るよう努める。

② ①の結果、怒っている家族や返金を求める家族がいる場合には、担当の介護職はLさんに①の事実を伝え、Lさんと家族の元に出向き、事情を説明し理解してもらうよう努める。

③ ①の結果、利用者が十分にLさんの意向を理解できず、義務だと思って払っていた場合には、Lさんと担当の介護職は、利用者や家族に事情を説明し、理解してもらうよう努める。

④ スタッフ会議で、職員全員に今回の経過と倫理的な問題点を説明し、施設側の対応の仕方を検討する必要があるとし、実践に向け努力する。同時に、Lさんと利用者5人のQOLや尊厳を損ねることのないよう、配慮した対応の実践に努める。

倫理的調整の規則
①できるだけ不都合や損害を被る人の数を減らすよう、対応を工夫する。
②できるだけ不都合や損害の量を減らすよう、対応を工夫する。

Step 5 解決の方針に従い、解決に向けた実践をしよう。

① 担当の介護職は、Lさんにお金を払った利用者5人が、通所してきた際に折を見て「この間、贈り物をいただいたけれど、お金は大丈夫でしたか。ご迷惑をおかけしたようで」と、さり気なく聞いてみた。すると、5人のうち3人は、家族に相

談なく自分で決めており、残る2人は、家族に相談してお金を出してもらっていた。しかし、2人とも「Lさんからだというと、家族は出してくれた」と言い、「反対されませんでしたか」と聞くと、「お世話になっていることは皆知っている」と、5人の利用者は答え「心配ないから」と言った。

②担当の介護職は上司に①の内容を伝えると、「よかったね。でも、これは施設の対応が問われる問題ですね」と言い、スタッフ会議で話し合うことにした。

③スタッフ会議で、担当の介護職は、他の職員全員に今回の経過と倫理的問題点を説明し、介護職自身が不勉強で適切な対応ができなかったことを詫びた。そして、これが原因で、Lさんと利用者5人が仲間割れしたり、他の利用者との関係が悪化しないよう、尊厳に配慮した対応を全職員に依頼した。さらに、今回のような問題を予防するための対策の検討を提案し、管理者会議で審議することになった。

④間もなく、全職員に「当施設内では、施設宛てではなく、職員個人に宛てた利用者からの寄贈品は、一切いただかないという規則を設ける。入所や施設利用の契約時に文書にて説明すること」と申し送りがあり、早速、実施に向け準備に入った。

⑤最近のデイケアでLさんに、さり気なく「調子はどうですか」と聞くと、Lさんは「職員さんが誕生日の贈り物を気にしていたと聞いた」と言い、「皆の気持ちだから」と、Lさんは照れくさそうに笑った。担当の介護職は上司と相談し、Lさんには"贈り物禁止"の規則については、少し時を経てから伝えることにした。

事例13

職員に差し入れを続ける利用者・家族への対応

　Mさん（85歳、男性、要介護2）は、75歳のときに軽い脳卒中を患い、その後、自宅で妻や長女夫婦と暮らしていました。79歳になったころから物忘れや勘違いが多くなり、主治医から認知症の疑いが指摘されました。その後、Mさんの自立度もやや下がり、高齢の妻や子どもの受験で忙しくなった長女が介護をすることがむずかしくなり、自宅での生活に限界を感じた長女の夫は、Mさんと家族を説得し、約2年前にグループホーム入所を決めました。

　Mさんが入所してから、毎週、長女からさまざまな食品や日用品が宅急便で届きます。Mさんは、届くと必ず職員に「皆で食べてください」と言って、缶詰や果物、クッキーやチョコレートの袋などを持ってきます。「お世話様です」と書かれた、家族からの走り書きも入っているため、職員は他の利用者とも分け合って楽しんでいましたが、次第に利用者の間で肩身の狭い思いをする人が増え、無理して職員に「差し入れ」をする利用者も出始めました。主任から報告を受けた施設長は、管理者らと相談し、利用者と家族に、「職員への差し入れは遠慮させていただくが、施設（グループホーム）への寄付（献品、献金など）という形であれば、受け取る」という主旨の文書を送付しました。

Step 1 どこに倫理的な問題があるか、考えてみよう。

Step 2 あなたなら、この問題をどのように解決するか、考えてみよう。

Step 3 「問題解決の6原則」に照らし、「倫理的課題」を明らかにしよう。

問題解決の6原則
原則❶：利用者の思いや立場を最優先する。
原則❷：利用者の元気なころの生活環境の維持をめざす。
原則❸：介護実践により利用者のQOLの向上につなげる。
原則❹：利用者にとって予測される危害や不利益を避ける。
原則❺：法律を守り、正しい知識や技術、経験を適切に活かす。
原則❻：分け隔てなく、いつでもだれに対しても尊厳ある介護を実践する。

①Mさんや家族の意向（厚意）が、施設側の対応によって否定され、施設側の意向が優先される形になっている点が、問題として指摘される（原則❶が守られていない）。

②Mさん以外の利用者が職員に「差し入れ」をする理由は、Mさんが差し入れをしているからなのか、いただいた物品についての施設側の扱い方にあるのか、議論されずに「差し入れ」が原因だとされる点が、問題として指摘される（原則❶、❷、❸、❺、❻が守られていない）。

③Mさんや他の利用者が抱く"職員への労いや感謝の意向"を断る際には、断ることで生じる可能性のある"Mさんら利用者への影響（ダメージ）"に対して、施設側は適切に対応する必要があるが、なされていない点が、問題として指摘される（原則❹が守られていない）。

Step 4 「倫理的調整の規則」に従い、解決の方針を立てよう。

①担当の介護職は、Mさんや長男夫婦、主任と話し合い、施設側からの感謝の気持ちを伝えると同時に、気を遣う利用者がいることを話し、いただいた物の扱い方について、Mさんや家族の意見を聞き、施設側の意向で善意が否定されないよう配慮する。
②グループホームは入所者9名で家族のように生活しており、贈答品は利用者にとっても施設にとってもありがたい側面がある。善意を活かす方向で対応を考えたい場合には、差し入れをいただくことで生じる"公平性や正義性の問題"に適切に対応する。
③②の対応がむずかしい場合には、今回の"差し入れ禁止"のような利用者の意向を否定するような対応となる可能性もあるが、その場合には、施設側の意向が優先されることで、利用者や家族が被る影響（ダメージ）を回避・軽減できるよう配慮する。

倫理的調整の規則
①できるだけ不都合や損害を被る人の数を減らすよう、対応を工夫する。
②できるだけ不都合や損害の量を減らすよう、対応を工夫する。

Step 5 解決の方針に従い、解決に向けた実践をしよう。

①先週の日曜日、長女夫婦が面会に来て、Mさんの妻が家庭菜園で育てたというトマトをたくさん持参した。担当の介護職が「施設からの手紙は、届きましたか」と確認すると、「仕方ないです。気を遣う人に悪いから…。今日は、施設に寄付です。職員さんによろしくと、母からの伝言です」と長女が答えた。長女の夫が「何も、"Mさんの家族から"と、言う

ことはないのでは？　皆で食べなければ、おいしくないと思うから、お世話になっている職員さんに送るんだよ」と言った。

②Mさんは、あまり理解できないのか黙っていたので、担当の介護職が「Mさん、いつもお菓子をたくさんありがとう」と言うと「いや、この人たちが、一生懸命送ってくれるから」と答え、「お世話になっても、何もお返しできなくて」と笑い「役に立てば、いいが」と加えた。

③担当の介護職が主任に、Mさん家族の話をすると、主任は「施設としては、本当にありがたい話だが、物をいただくという行為は誤解されやすく、公平さを保つのはむずかしい」と答えた。

④文書を送って以降、施設では、職員への差し入れは"施設への寄付"として受け取っているが、激減し、家族や関係者からは「自分の家族（利用者）へ送るのも、控えるようになった」「感謝の意を表わす手段が見当たらない」「何だか、親近感が失せた」との声もあり、施設運営会議で、今後に向け、善意を活かす対応方法を検討することになった。

⑤④の結果、月に一度、施設への寄付（差し入れ）のすべてを記し（提供者名は非掲載）、使い道や役立てた状況を「お便り」にまとめて、利用者や家族に伝えることとし、全職員が当番で感謝の言葉を書くことにした。

⑥⑤を試みて4か月が経過したが、次第に施設への寄付が増えている。家族だけでなく、「お便り」を見た地域の人たちが、電話で「○○は使いますか？　必要だったら送りますが」と聞いてくる。家族も施設を身近に感じられ、寄付のしがいが実感でき、気兼ねすることなく寄付ができるという。施設としてはとても助かっている。

事例14

デイサービスの利用者から、後日、インフルエンザだったと報告があったときの対応

　Oさん（74歳、男性、要介護1）は、58歳のときに妻を亡くし、現在は、会社勤務の長男（37歳、独身）とふたり暮らしです。2年ほど前に腰を痛めて以来ほとんど外出しなくなり、息子と分担する家事も消極的になりました。2か月前、要支援2から要介護1となったタイミングで、長男は主治医と相談し、OさんはQOLの維持を目的として、週2回、デイサービスに通い始めました。

　2週間ほど前、Oさんは体調がよくないなかデイサービスに行き、いつものとおり活動に参加しました。翌週になって、息子からOさんがインフルエンザだったとの連絡があり、施設では対応に追われました。検討した結果、今さらデイサービスの利用者や家族に知らせても、かえって混乱させるだけだと判断し、事実を伝えないことにしました。

　その後、今週はじめに「風邪で休む」と連絡のあったひとり暮らしの利用者が救急搬送され、入院していたことがわかりました。医師の診断はインフルエンザとのことでした。

Step 1 どこに倫理的な問題があるか、考えてみよう。

Step 2 あなたなら、この問題をどのように解決するか、考えてみよう。

Step 3 「問題解決の6原則」に照らし、「倫理的課題」を明らかにしよう。

問題解決の6原則
原則❶：利用者の思いや立場を最優先する。
原則❷：利用者の元気なころの生活環境の維持をめざす。
原則❸：介護実践により利用者のQOLの向上につなげる。
原則❹：利用者にとって予測される危害や不利益を避ける。
原則❺：法律を守り、正しい知識や技術、経験を適切に活かす。
原則❻：分け隔てなく、いつでもだれに対しても尊厳ある介護を実践する。

①Oさんがインフルエンザに罹患したことは、プライベートな情報だが、Oさんの周囲で感染の危険に曝される利用者にとっては、必要な情報である。したがって、施設のとった対応は"利用者の知る権利"を侵すことになり、倫理的には、原則❷、❸、❹、❺、❻が守られていないことになる。

②送迎時に、担当の介護職は、Oさんの体調を確認する必要があるが、実施されていなかった。また、息子からの報告がない場合でも、利用者の体調を見守る立場にある職員が、Oさんの体調不良に気づかず十分な配慮ができなかったことは、原則❷、❸、❹、❺が守られていない結果と考えられ、問題として指摘される。

Step 4 「倫理的調整の規則」に従い、解決の方針を立てよう。

① Oさんの送迎時やデイサービスでの様子から、Oさんの体調不良を把握できなかった理由や、家族や本人に体調確認をしなかった理由について、担当の介護職と施設長、直属の上司が話し合い、今後に向けた反省と対応を検討する。

② 担当の介護職は、Oさんや息子と話し、体調不良のときは報告するようお願いすると同時に、施設内でインフルエンザに罹患した利用者がいたことを伝え、だれもが感染源となり得る状況を説明し、予防への協力をお願いする。

③ デイサービスの職員全員に、今回の件について報告し、感染症の利用者への対応の仕方、発症した場合の情報開示のあり方、利用者の体調確認のあり方について、再指導するとともに、再発防止に向けた具体的実践の工夫に努める。

倫理的調整の規則
①できるだけ不都合や損害を被る人の数を減らすよう、対応を工夫する。
②できるだけ不都合や損害の量を減らすよう、対応を工夫する。

Step 5 解決の方針に従い、解決に向けた実践をしよう。

① 担当の介護職は、上司とともに施設長のところに行き、インフルエンザに感染した利用者が出た際に、施設利用者に情報開示をしなかった件、その後、当施設の利用者に感染者が出たことを説明し、今後に向けた対応を相談した。

② ①の結果、担当の介護職は利用者の体調確認を徹底すること、家族や本人に体調不良の場合には遠慮せず申し出るよう指導すること、利用者の知る権利や感染症予防の観点から、当施設は情報開示を行うことが提案されたことから、各部署では話し合いがもたれ、今後に向けた具体的対応の実践が検討さ

れた。

③②の各部署の話し合いでは、インフルエンザの報告を受けたときの施設側の対応が、利用者の知る権利や感染予防に向けた対応を優先したものでなかったことが指摘され、研修を望む職員が多かった。そこで、事例検討会では、定例の検討会を拡大して、全職員に向けた研修会の開催を決めた。

④②の提案に従い、担当の介護職はOさんと息子と話し合った。Oさんに「なぜ具合が悪いことを言ってくれなかったのですか」と聞くと、「何とか頑張れると思った。迷惑をかけたくなかった」と言い、息子は「聞かれていたら、伝えられたかもしれない」と話した。今後は体調確認を行うことを伝え、協力をお願いした。

⑤担当の介護職は、送迎時や支援中にOさんの体調不良に気づけなかったことを深く反省し、施設の看護師から体調不良の兆候や観察・対応の仕方について学び、次回の事例検討会で発表することにした。

⑥施設は、全利用者とその家族に文書を送り、利用者の体調確認に対して協力をお願いするとともに、共有が必要な情報は、利用者や家族に開示する旨を伝えた。

⑦施設長は、Oさんの発症直後にインフルエンザで入院した利用者を見舞い、事前にインフルエンザ発症の情報を開示しなかったことを謝罪した。

守秘義務が免除されるのはどんなとき？

「守秘義務」が免除されるのは、次のいずれかに該当する場合です。

①個人情報を守ることにより、多くの人に迷惑をかける場合で、たとえば、感染症の情報、性犯罪者に関する情報などである。開示しない場合には、感染者が増えたり、性犯罪の犠牲者が増えたりすることが予測されるからである。しかし、勝手に開示はできず、情報開示の旨を当事者に事前に伝えることが望ましいとされる。

②研究や教育を目的として情報が使用される場合で、個人的事由でなく社会に役に立つ場合には守秘義務は免除される。

③当事者が情報開示を希望する場合には、守秘義務から外される。

特定の職員以外のかかわりを受け入れない利用者への対応

　Uさん（72歳、女性、要介護3）は、中学卒業後、集団就職で上京し、60歳の定年退職後は、勤務先の東京から少し離れたX市に中古マンションを買って生活を始めました。結婚はしておらず、交友関係や近所との付き合いもほとんどありませんでした。69歳のときに脳卒中で倒れ、左片麻痺が残りました。歩行や家事に支障が予測されたほか、Uさんの生活環境や主治医の勧めもあって施設入所となりました。

　入所してほぼ1年が経過しましたが、人見知りがあり、親しい入居者もいません。唯一、お気に入りの職員W（女性、50歳台）とのコミュニケーションを楽しみにしています。しかし、先月、職員Wが他施設に異動となり、Uさんの担当は職員E（女性、40歳台）となりました。

　Uさんは、職員Eに大声で抵抗したり、怒ったりして、日々のケアが思うように実施できない状態が続いています。職員Eが「おはようございます」と声をかけても、応じることはなく、お茶を入れて勧めても「いらない」と不機嫌そうに言います。これまで、ほとんど職員Wが支援してきたこともあり、Uさんは他の職員に心を開こうとせず、職員Wを待っているようです。施設では今後の対応について検討することとなりました。

Step 1 どこに倫理的な問題があるか、考えてみよう。

Step 2 あなたなら、この問題をどのように解決するか、考えてみよう。

Step 3 「問題解決の6原則」に照らし、「倫理的課題」を明らかにしよう。

①特定の職員しか受け入れられないUさんの要望を「わがまま」とみなす場合には、何らかの工夫をして、QOLや身体機能などが低下しないよう努めることが求められるが、今の状況では、それがなされておらず、原則❷、❸、❹、❺に反することが指摘される。

②どうしても担当の介護職の交代が避けられないのであれば、事前に、交代によって生じる可能性のある"Uさんにとっての不都合な状況"を予測して、担当の介護職を含む施設関係者は対応を考え、Uさんに不都合な状況が生じないように配慮すべきであった。しかし、それはなされておらず、原則❹が守られていないことが指摘される。

問題解決の6原則
原則❶：利用者の思いや立場を最優先する。
原則❷：利用者の元気なころの生活環境の維持をめざす。
原則❸：介護実践により利用者のQOLの向上につなげる。
原則❹：利用者にとって予測される危害や不利益を避ける。
原則❺：法律を守り、正しい知識や技術、経験を適切に活かす。
原則❻：分け隔てなく、いつでもだれに対しても尊厳ある介護を実践する。

Step 4 「倫理的調整の規則」に従い、解決の方針を立てよう。

倫理的調整の規則
①できるだけ不都合や損害を被る人の数を減らすよう、対応を工夫する。
②できるだけ不都合や損害の量を減らすよう、対応を工夫する。

① Uさんに寄り添うことができる職員を見つける努力をし、Uさんから、現在の悩みや要望を聞き、少しでも日常生活面で生きがいを見出していくための支援が求められる。

② Uさんが他者に対して心を閉ざす傾向は、若いころから見られた可能性もあり、今になって性格を変えることはむずかしいようにも思われる。したがって、現在の状況をプラスの方向に転換するには、職員や利用者など周囲が協力してチャンスをつくることが求められる。

居宅サービス
p.34 参照

③ Uさんの希望するような職員との出会いが望めない場合には、Uさんが安心できる生活環境の再検討が求められ、居宅サービスを利用した自宅での生活や他施設への移動など、Uさんの意向を大切にしつつ、生活環境の改善と人間関係の再構築に努める。

Step 5 解決の方針に従い、解決に向けた実践をしよう。

①職員Eの直属の上司は、異動となった職員Wに現在の状況を説明し、対応を相談した。職員Wは、引き継ぎの仕方が十分でなかった点を反省し、責任を感じていると言い、休暇をとってUさんに会うことを約束し、主任は了解した。

②会いに来た職員Wを見て、Uさんは「どこへ行っていたの」と泣き出した。職員Wは「ごめんね。私、他で働いているの」と言うと、「どこで？」とUさんは尋ねた。「ここから少し離れたY町の施設で」と職員Wが言うと、Uさんは「心

配していたの。病気にでもなったかと思って」と言い、涙を
こぼしながら「もう、ここには戻ってこないの？」と聞いた。
職員Wは「仕事だからね…。Uさんは、ここよりも自宅の
ほうが安心できますか？　それとも、私がいなくても、たく
さんの職員がいるので、ここで安心して暮らしていく？」と
尋ねた。Uさんは「できるなら、家に一度帰ってみたい」と
答えた。

③②で示したUさんの意向について、スタッフ会議で話し合っ
た結果、一度帰宅することも、Uさんにとって大切な体験
だと考え、主任がUさんの担当を務めて試みることにした。
それを聞いたUさんは、うれしそうに笑った。

④主治医の了承を得て、Uさんは主任と男性職員の3人で自
宅に向かった。玄関に着くと、車いすのUさんは、なつか
しそうに見回した。ドアを開けると、少しにおいがあったが、
思ったほど汚れておらず、男性職員が窓を開け空気を入れ替
え、掃除機をかけた。主任は「Uさん、もし、ここで暮らし
たいのなら、掃除や洗濯、食事もお手伝いに来ますよ」とい
うと「そうなの？　病院から直接、施設に移ったので、家で
暮らせるとは思わなかった」と答えた。「一度ケアマネジャー
に相談しましょう」と主任は言った。

⑤半月後、Uさんは自宅で暮らすことを決心した。主任は「U
さん、自宅での生活が大変なときは、いつでもここに戻って
きてくださいね。皆待っています」と言うと、Uさんは「あ
りがとう。必ずまた戻ってきます」と答え、麻痺側の左腕を
右手で支えた。

気の合わない利用者がいるため、デイサービスに来なくなった利用者への対応

　Pさん（69歳、男性、要介護1）は、1年前に自営業を長男に譲った後に体調を崩し、今年に入ってから要介護認定を受けました。主治医によると、持病の糖尿病が原因とのことで、その他の異常所見は認められませんでした。長男は認知症などを心配し、長男の妻は、Pさんが食事制限を守らないことに苦慮しています。Pさんは、以前は自営業の傍ら、少年野球の顧問を務め、町内会では会長や民生委員なども務めていたことから、知人も多数います。現在、QOLの維持のためデイサービスを週2回利用し、顔見知りの仲間と交流を楽しんでいます。

　しかし、活動に参加するうち、小学校時代に仲の悪かったという同級生Xさんと出会い、そのときから、Pさんはデイサービスに来なくなってしまいました。担当の介護職は仲直りの機会を設けてみましたが、一向にPさんの心は変わらず、元気なく家の中で過ごすPさんの姿を見て、長男が心配して電話をしてきました。今週のスタッフ会議で、Pさんの今後について話し合うことになりました。

Step 1 どこに倫理的な問題があるか、考えてみよう。

Step 2 あなたなら、この問題をどのように解決するか、考えてみよう。

Step 3 「問題解決の6原則」に照らし、「倫理的課題」を明らかにしよう。

① 一見すると、Pさんが落ち込んでいる理由は、Pさん自身の問題であり、担当の介護職等に落度はないように思われる。しかし、倫理的には、原則❷や❸、❹、❺が守られていないといえる。もし、Pさんのデイサービスの利用中止を介護職が容認するのなら、中止してもPさんのQOLや心身機能の低下が生じないよう手立てすることが、介護職側に求められる（原則❹）。しかし、それらは実践されておらず、問題として指摘される。

② Pさんの本来の要望であるデイサービスの利用を優先する場合には、それによって生じるPさんの不都合、つまり、"同級生のXさんと顔を合わせること"を回避する工夫が必要となる。しかし、現時点では実施されておらず、問題点として指摘される。

問題解決の6原則
原則❶：利用者の思いや立場を最優先する。
原則❷：利用者の元気なころの生活環境の維持をめざす。
原則❸：介護実践により利用者のQOLの向上につなげる。
原則❹：利用者にとって予測される危害や不利益を避ける。
原則❺：法律を守り、正しい知識や技術、経験を適切に活かす。
原則❻：分け隔てなく、いつでもだれに対しても尊厳ある介護を実践する。

> **Step 4** 「倫理的調整の規則」に従い、解決の方針を立てよう。

倫理的調整の規則
①できるだけ不都合や損害を被る人の数を減らすよう、対応を工夫する。
②できるだけ不都合や損害の量を減らすよう、対応を工夫する。

①担当の介護職は、Pさんや長男夫婦と話し合い、Pさんがデイサービスに通所しなくなった理由や、今後に向けた要望などを聞き、PさんのQOLや心身機能を維持するための実践を工夫する。

②①の結果、同級生のXさんと顔を合わすことがなければ、Pさんは通所する意向がある場合には、週2回の日程の調整を工夫して、ふたりが顔を合わせなくてすむよう配慮する。

③①の結果、Pさんが、同級生のXさんが通う施設には行きたくないが、別のデイサービスなら行ってもいいという意向である場合には、ケアマネジャーに相談し、受け入れ可能な施設を探し、Pさんや家族と相談しつつ、実施に向けて努力する。

④①の結果、同級生のXさんとの和解を望む場合には、気の合わない理由や仲直りしたい理由を聞き、ケアマネジャーや家族、職員の協力を得て、Pさんの意向に従い、XさんとPさんの尊厳に配慮して、和解が成功するよう支援する。

> **Step 5** 解決の方針に従い、解決に向けた実践をしよう。

①長男夫婦の都合に合わせ、担当の介護職と施設長はPさんの自宅を訪問し、話し合った。Pさんは、Xさんの通う施設には行きたくないと言い張ったが、長男から「父さん自身の健康や生きがいとXさんのこと、どっちが大事なの？」と諭され、Pさんは「私は、どうしたらいちばんいいんですかね」

と施設長に尋ねた。施設長は「Ｐさんの気持ちがいちばん大切です。施設内でＸさんと会わなくてすめば、大丈夫ですか？」と聞くと、Ｐさんは「でも、そういう訳にもいかないでしょうから…」と考え込んだ。担当の介護職は「Ｘさんも週２回の通所ですので、会わなくてもすむよう調整はできます」と答えた。長男の妻が「お父さん、調整をお願いしたら。そうすれば、いつもの仲間にも会えるし、おいしいランチも食べられるし」と言った。Ｐさんは黙ってうなずいた。

②①の結果、家族やＰさんの意向がまとまり、担当の介護職は、同級生のＸさんとＰさんの通所日が重ならないよう、スタッフ会議で検討し、調整を試みた。偶然、Ｘさんも、歯科医院に通うため、日程調整が必要だったことから、スムーズに調整は行われた。

③担当の介護職は、食堂でＸさんに会ったので、「ご出身は、どちらですか」と尋ねると、「この町で育ち、こうして今もここで暮らしています」と答えた。「では、小学校の同級生にも、ここでお会いになる機会はありますね」と聞くと、「大学と勤務先が東京でしたので、定年後にこの町に戻ったのですが、浦島太郎のようで、さっぱりわかりません」と笑った。担当の介護職は、ＸさんとＰさんを仲直りさせる試みが失敗に終わった理由がようやくわかった。ＸさんはＰさんを同級生と認識していなかったようである。

利用者同士のもめごとへの対応

　Qさん（72歳、女性、要介護3）は、3年前に自転車から転落し左腕を骨折しました。それから2年ほど経過したころ、食事の準備や摂取ができなくなり、軽度認知症の診断を受けました。夫は肺がんで11年ほど前に他界しているほか、息子夫婦は他県で暮らしているため、Qさんは介護施設へ入所となりました。

　簡単なコミュニケーションが可能なQさんは、利用者のSさんと親しくなり、いつも一緒にいるようになりました。ところが、先月入所してきたYさん(75歳、女性)も、Sさんと気が合って親しくなり、QさんはSさんを独り占めできなくなりました。QさんはYさんにSさんを取られたと思い込んだようで、些細なことで、Yさんと喧嘩をするようになりました。Yさんには認知症の症状は見られませんが、Qさんの行動が理解できず、途方に暮れ、車いすであることも影響してか、自室から出ようとしなくなりました。Qさんは、Sさんに対しても敵対行動をとるようになり、Sさんも元気がなくなり、食欲をなくしています。Qさん自身もまた、イライラした様子で落ち着きのない日々を送っています。

Step 1 どこに倫理的な問題があるか、考えてみよう。

Step 2 あなたなら、この問題をどのように解決するか、考えてみよう。

Step 3 「問題解決の6原則」に照らし、「倫理的課題」を明らかにしよう。

① Qさんの意向や立場を優先する場合は、YさんのSさんに対する気持ちに配慮し、YさんとSさんのQOLや尊厳が保持されるよう、介護職は配慮することが求められるが、実施されていない（原則❷、❸、❹、❺が守られていない）。

② Yさんの意向や立場を優先する場合は、それによって生じる可能性のある"Qさんにとって不都合な状況"を避けるための努力が、介護職には求められる。しかし、それらは実施されていない（原則❷、❸、❹、❺が守られていない）。

③ QさんとYさん両者と仲良くしたいSさんの思いを優先する場合は、まずQさんが理解できるよう、介護職は"認知症の人の尊厳"に配慮し対応することが求められる。同時に、YさんのQOLや尊厳に配慮し、かつ事情を理解してもらうための対応が求められる。しかし、これらが実施されていな

問題解決の6原則
原則❶：利用者の思いや立場を最優先する。
原則❷：利用者の元気なころの生活環境の維持をめざす。
原則❸：介護実践により利用者のQOLの向上につなげる。
原則❹：利用者にとって予測される危害や不利益を避ける。
原則❺：法律を守り、正しい知識や技術、経験を適切に活かす。
原則❻：分け隔てなく、いつでもだれに対しても尊厳ある介護を実践する。

い（原則❷、❸、❹、❺が守られていない）。

> **Step 4** 「倫理的調整の規則」に従い、解決の方針を立てよう。

倫理的調整の規則
①できるだけ不都合や損害を被る人の数を減らすよう、対応を工夫する。
②できるだけ不都合や損害の量を減らすよう、対応を工夫する。

①Qさんは軽度の認知症があり、誤解や思い違いなどが生じる可能性があり、Yさんの行動を適切に理解できない可能性がある。したがって、Qさんの立場を可能な限り優先することが倫理的に求められる。担当の介護職はQさんが状況を受け止められるよう工夫する。

②担当の介護職と施設長は、YさんとSさんと話し合い、Qさんの行動に対する理解の程度や受け止め方を把握し、Qさんの行動を理解してもらうための工夫をする。この際、Qさんが認知症であることは、よほどでない限り伝えないのが望ましいと考える。

③②の結果に基づき、Qさんが、YさんとSさんのことを誤解している可能性を伝え、誤解を解くためにとるべき行動について話し合う。YさんとSさん双方がQさんの気持ちを理解してくれる場合には、担当の介護職とともに、Qさんの誤解を解くために協力し合う。

④YさんとSさん双方もしくは一方が、Qさんの気持ちに理解を示さないか協力を望まない場合は、YさんとSさんの意向に沿って支援することを伝え、安心してもらう。他方、Qさんについては施設全体で話し合い、今後の対応や支援のあり方について検討する。

Step 5 解決の方針に従い、解決に向けた実践をしよう。

① YさんとSさんと個別に話し合った結果、YさんはQさんの気持ちを理解することはむずかしく、一方、Sさんは両者と仲良くしたいと思っていることがわかった。

② 担当の介護職はQさんに、「どうして、Yさんと喧嘩をするのですか」と聞くと、「喧嘩なんかしていない」と答え、「Sさんは、私をいやだって」と寂しそうな顔をした。「Sさんは、少し忙しいんじゃないでしょうか」と担当の介護職は言い「私と一緒にお茶でも飲みますか」と笑ってQさんの顔を見た。Qさんは「ありがとう」と答え、少し微笑んだ。

③ 担当の介護職は②の様子をSさんに伝え、「ときどきでいいので、機会があったら、Qさんに言葉をかけてもらえますか」と聞くと、Sさんは「私は構わないけど、Yさんがいやがるかもしれないし、Qさんだって、Yさんと私が一緒だと、いやな顔をしますよ」と答えた。

④ ②と③の状況を事例検討会で報告し、検討した結果、YさんとQさんの関係を前提に考えると、Sさんが両者と気持ちよく付き合うのはむずかしいことが指摘され、認知症のためか通常のコミュニケーションがとりにくくなってきたQさんについては、落ち着くまで職員が対応するのが望ましいのではないかとの意見が出された。

⑤ ④の結果を受け、施設長と担当の介護職はYさんとSさんに「Qさんのことは私たちが対応しますので、安心して過ごしてください」と伝えると、Yさんは「よかった。家に帰ろうかと思っていた」と言い、Sさんは「Qさんによろしくお伝えください」と言った。

⑥担当の介護職はＱさんの長男に電話で事情を説明し、面会を勧めた。生活環境を整える意味もあり、Ｑさんにフロアの移動をお願いし了解を得た。担当の介護職もＱさんと一緒に異動し、当分の間支援することになった。窓からの眺めがよく、Ｑさんは新しい居室を気に入ったようで、面会に来た長男と楽しそうに話していた。

デンマークの高齢者介護施設の食堂。ビュッフェ形式でホテルのような雰囲気

もめごとが絶えない利用者への対応

　Rさん（89歳、男性、要介護3）は、3年ほど前に階段から落ちて大腿骨を骨折。退院後は自宅で暮らしていましたが、経過が思わしくありませんでした。1年ほど経過するころから妻（85歳）の負担が大きくなり、Rさんの介護をめぐって家族間のもめごとが絶えないことから、長男夫婦は主治医に相談しました。結果として、Rさんは施設入所となりました。

　自宅を離れることについて、Rさんは納得しておらず、入所後も担当の介護職に「長男を呼んでくれ。ここにいる理由はない。自分の家で暮らして何が悪い」といって不安定になることもあり、何度か長男に相談しましたが、解決には至っていません。

　Rさんは元社長で、頑固なところもあり、テレビ番組の選択などをめぐり、他の利用者との間でも争いが絶えません。施設で暮らすことへの不満を他の入居者にぶつける形でもめごとを起こしているようにも思われます。何とか職員が入り、円満解決をめざすものの、相手の利用者も譲ろうとしないため、Rさんは暴れて、孤立してしまいます。担当の介護職は悩んだ末、主任に相談しました。

Step 1　どこに倫理的な問題があるか、考えてみよう。

Step 2　あなたなら、この問題をどのように解決するか、考えてみよう。

Step 3　「問題解決の6原則」に照らし、「倫理的課題」を明らかにしよう。

問題解決の6原則
原則❶：利用者の思いや立場を最優先する。
原則❷：利用者の元気なころの生活環境の維持をめざす。
原則❸：介護実践により利用者のQOLの向上につなげる。
原則❹：利用者にとって予測される危害や不利益を避ける。
原則❺：法律を守り、正しい知識や技術、経験を適切に活かす。
原則❻：分け隔てなく、いつでもだれに対しても尊厳ある介護を実践する。

①施設入所に関して、Rさんの意向が最優先されなかったことが、問題点として指摘される（原則❶が守られていない）。
②もし、Rさんの意向を優先できなかった場合には、優先されないことで生じる"Rさんにとっての不都合や不利益"を予測し、それら不都合や不利益が生じないよう対応が求められる。しかし、ここでは実施されておらず、問題点として指摘される（原則❹が守られていない）。
③上記①②の問題が認められることから、Rさんは、自暴自棄的な行動をとるようになった可能性が予測され、施設での生活に生きがいが見出せない状況がうかがわれる。これらの状況は、原則❷、❸、❺への配慮が十分でない結果であり、問題点として指摘される。

Step 4 「倫理的調整の規則」に従い、解決の方針を立てよう。

①施設入所の際に、Rさんの意向が優先されず、長男夫婦（家族）の意向が優先されたことについて、Rさんや家族と話し合う機会が必要であり、個別に話し合うと同時に、一堂に会しての話し合いも必要で、問題解決に向けた工夫と努力が求められる。

②施設入所を拒むのはRさんひとりで、家族3人（長男夫婦、妻）は了解していることから、自宅よりも施設での生活が、Rさんにとっては大切となる現実を、Rさんに理解し納得してもらえるよう、担当の介護職や関係者は工夫と努力が求められる。

③Rさんに、現在の施設での生活の"不自由で不満足なところ"を話してもらい、できるだけ要望に沿えるよう、担当の介護職や施設関係者は努力することが求められる。

④もし、Rさんの意向に沿えない場合には、理由をわかりやすく説明し、要望に近い代替案を示すことが大切で、「無理」「だめ」というばかりの対応は極力避けたい（原則❶、❹、❺）。

⑤家族や担当の介護職が、Rさんの立場や気持ちを理解する姿勢を示すことが大切で、倫理的には、当事者の立場を擁護する姿勢（思いやり）が求められる。

倫理的調整の規則
①できるだけ不都合や損害を被る人の数を減らすよう、対応を工夫する。
②できるだけ不都合や損害の量を減らすよう、対応を工夫する。

Step 5 解決の方針に従い、解決に向けた実践をしよう。

①担当の介護職は、長男に話し合いを申し込んだが断られたため、主任とともに施設長に相談。施設長は直接、長男に電話

をして、週末に施設で話し合うことを約束した。
② 担当の介護職は、Rさんが家族や当施設での生活を、どのように考えているか、理解に努めた。Rさんは「自分が迷惑をかけることになるのはわかるが、この年齢になって、自宅を離れ、家族と一緒に暮らせないなんて、そんな生活をするために働いてきたかと思うと、情けない」と言い、「気持を整理せずにここに来たので、ここがよいか悪いかはわからない」と答えた。
③ ②の結果をふまえ、主任と担当の介護職は、再度Rさんに要望を聞くことにした。主任が「Rさんは、家では、だれと一緒にテレビを観ていたんですか」と聞くと、「妻と私は、仕事の関係で一緒にいることは少なく、特に、けがをしてからは、自室でひとりで観ていたね…」と言った。そこで、担当の介護職が「Rさん、もし、Rさんの部屋にテレビがあったとしたら、ひとりで観るほうがいいですか」と聞くと、「まあ、そうだね。理想的にはね…」と答え、そして「私は、用がないのに他人と話すのは苦手でね。家にいれば、ひとりでゆっくりできるんだけれど…」と続けた。
④ 長男夫婦との話し合いの日、②③に配慮して、施設長は「Rさんは、自宅と同様の生活をここでも求めておられるようなので、当分の間は、自室で担当の介護職の支援を受けながら過ごしてみてはどうでしょう」と聞くと、長男は「お願いします。父は、できないことは私たちに頼みますが、ひとりで居るほうが好きなので、家でもそうしています」と答えた。
⑤ 自宅で使用していたテレビがRさんの部屋に運ばれると、うれしそうに笑みを浮かべた。1か月ほどして、Rさんは担当の介護職に「今度、昼は食堂で食べてみるか」と言った。

利用者の物を誤って破損してしまったときの対応

職員F（57歳、女性）は、訪問介護事業所に勤務する仕事歴3年の訪問介護員です。先週から担当となった利用者Wさん（92歳、男性、要介護3）は、軽度認知症があるものの、話好きで、職員Fの訪問を楽しみにしています。2年前、同居していた息子が転勤となったため、訪問介護サービスを受けることとなりました。Wさんは毎日、食事の準備や排泄の介助、居室の掃除等で1日3回、合計3時間の訪問介護サービスを利用しています（一部自己負担）。

先日、職員Fは、テーブルの上の電気ポットの水を替えようとして、そばにあった花びんを床に落とし、割ってしまいました。Wさんは「心配しないで」と言いますが、職員Fは上司と相談し、内部規程に従って類似した花びんを弁償し、Wさんから受領印をもらってノートに破損の経緯を記しました。

2週間ほどして、息子から「割った花びんは骨董品で、弁償してもらった花びんとは値段がまったく違う。また、花びんからこぼれた水で、革張りのソファーに大きなシミができ、修理代が高額なので相談したい」という電話がありました。職員Fは返答に悩んで所長に相談し、Wさんの長男と話し合いをすることになりました。

Step 1 どこに倫理的な問題があるか、考えてみよう。

Step 2 あなたなら、この問題をどのように解決するか、考えてみよう。

Step 3 「問題解決の6原則」に照らし、「倫理的課題」を明らかにしよう。

問題解決の6原則
原則❶：利用者の思いや立場を最優先する。
原則❷：利用者の元気なころの生活環境の維持をめざす。
原則❸：介護実践により利用者のQOLの向上につなげる。
原則❹：利用者にとって予測される危害や不利益を避ける。
原則❺：法律を守り、正しい知識や技術、経験を適切に活かす。
原則❻：分け隔てなく、いつでもだれに対しても尊厳ある介護を実践する。

①法的には一般に契約時の内容に基づき処理されるが、倫理的には、家族や利用者など関係者に納得してもらうことが大切である。本事例では、Wさんについては配慮したものの、自宅を管理する息子に対して配慮が至らなかった点が、問題として指摘される（原則❶）。

②職員Fは、契約内容の実践に向け、ほぼ一方的に実行してしまった側面が認められる（原則❶、❹、❺、❻が守られていない）。円満解決をめざすには、法的な契約を遵守すればよいだけではなく、利用者も家族も納得できるよう倫理的な配慮を行いながら"契約内容"に基づく対応（説明）が求められる。しかし、本事例ではなされておらず、問題点として指摘される。

Step 4 「倫理的調整の規則」に従い、解決の方針を立てよう。

① Wさんは認知症があり、息子に事情を的確に説明できない可能性があるため、担当の職員Fやケアマネジャーは、息子に直接、事故の経緯や契約時の条件（法的に弁済可能な金額や方法など）を説明することが求められる。

② 今回は、すでに弁償の物品が収められているが、やはり手順として①を実施して、①で息子の意向を確認し、事業所側も対応可能な範囲を伝えると同時に、破損時に息子に直接報告しなかったことや、事業所側が一方的に進めたことに対し謝罪する。

③ 自宅の管理責任が息子にあるため、Wさんだけでなく、今回の物品の破損については、息子の意向が大切となる。したがって、原則❻に従い、事業所と契約時に交わした契約内容に基づき解決を試みる旨を、息子に納得してもらうための努力が求められる。

④ ①から③を実施することにより息子に納得してもらい、Wさんが適切な生活支援を受け、安心して自宅で暮らせるよう、関係者はWさんと息子の尊厳に配慮し解決に努める。

倫理的調整の規則
① できるだけ不都合や損害を被る人の数を減らすよう、対応を工夫する。
② できるだけ不都合や損害の量を減らすよう、対応を工夫する。

Step 5 解決の方針に従い、解決に向けた実践をしよう。

① 職員Fと事業所の所長は息子と話し合い、今回の弁償の方法は、契約時の内容に基づき実施した旨を説明すると同時に、息子に相談しなかったことを謝罪した。Wさんは「息子に任せる」と職員Fに伝え、参加しなかった。説明を聞いた

息子は契約書の内容を十分に把握していなかったと話し、少し反省した様子だった。

②所長は、職員Fが花びんを割ったのは、仕事中だったので保険適用になると伝えたところ、息子も「私も家財道具に保険をかけています。だから、相談してほしかった」と言った。所長が本革張りのソファーのシミに対する要望を聞いたところ、息子が「職員Fは報告も弁償の対応もしなかったのは、どうしてですか」と聞いたので、職員Fは「本革張りの家具を扱ったことがなく、水は拭けば乾くと思っていました」と答え、謝罪した。話し合いの結果、お互いにかけている保険が、今回の損害に対してどの程度カバーできるかを調べることにし、それらを参考に今後の対応を検討することにした。所長は息子に「誠意ある対応をしたく思います」と約束した。

③②の話し合いから3日ほどして、息子から所長に電話で「保険会社から返答があり、花びんについてはカバーできますが、ソファーについてはむずかしいようです」と伝えてきた。

④③の事情を受け、所長は、事業所が加入している保険会社の担当者に相談したところ、およそ8割程度カバーされるとの回答を得た。所長は、経理に相談し、残る2割分を見舞金として捻出することを息子に打診したところ了承を得た。

⑤本件の反省から、事業所では、訪問時の家具や食器の扱い方、さらに破損時の対応や報告の仕方について、全職員対象の研修会を実施した。

⑥Wさんは職員Fに「ありがとう」と感謝しつつ支援を受ける一方、息子も事業所に信頼度が増したようで、復元したソファーの写真と感謝の言葉を所長に送ってきた。

施設のルールを守らず、注意する職員に嫌がらせをする利用者への対応

　Vさん（75歳、男性、要介護2）は、元大工で、40歳台のときに建築現場で大けがをしたことが原因で、60歳台後半から左足が不自由となり、自力歩行は何とか可能なものの、入浴や衣服の着脱の介助が必要となりました。当初は妻や長女夫婦が介護をしていましたが、妻が認知症と診断され、長女の手が回らなくなったため、Vさんは、1年ほど前からデイサービスに週3回通っています。Vさんは、世話好きですが、親方風情のところがあり、利用者のなかには「怖い」という印象をもつ人もいます。ときどき、施設内の規則を無視することがあるため、注意すると、注意した職員を覚えていて、顔を見ると「あいつの言うことは当てにならない」「頭の悪いやつだ」など、嫌がらせを言ったり、わざと廊下で邪魔したりします。最近は、多くの職員がVさんを避けるようになり、Vさんに注意することもせず、施設内の風紀も低下したと感じます。この状況について、スタッフ会議で検討することになりました。

 どこに倫理的な問題があるか、考えてみよう。

> **Step 2** あなたなら、この問題をどのように解決するか、考えてみよう。

> **Step 3** 「問題解決の6原則」に照らし、「倫理的課題」を明らかにしよう。

①原則❶に従い、Ｖさんのふるまいを容認するのであれば、他の利用者や職員が恐怖を感じなくてもすむような配慮や工夫が、施設側によって実施されなければならない（原則❹）。しかし、それらの対応がなされていない点が、問題として指摘される。

②もし、①で示した"恐怖を回避すること"がむずかしい場合は、Ｖさんのふるまい（意向）を容認することは倫理的に認められない。その場合には、Ｖさんの意向が優先されないことになるので、それによって生じる"Ｖさんにとっての不都合な状況"を回避する配慮が施設側（職員）に求められる。しかし、これらの倫理的対応はなされておらず、問題点として指摘される（原則❶、❸、❹、❺が守られていない）。

> **Step 4** 「倫理的調整の規則」に従い、解決の方針を立てよう。

①Ｖさんは他の利用者の悪口を言うのではなく、職員の悪口を言うことから、特定の原因があるかもしれないので、Ｖさんと施設関係者が話し合うことが求められる。

問題解決の6原則
原則❶：利用者の思いや立場を最優先する。
原則❷：利用者の元気なころの生活環境の維持をめざす。
原則❸：介護実践により利用者のQOLの向上につなげる。
原則❹：利用者にとって予測される危害や不利益を避ける。
原則❺：法律を守り、正しい知識や技術、経験を適切に活かす。
原則❻：分け隔てなく、いつでもだれに対しても尊厳ある介護を実践する。

倫理的調整の規則
①できるだけ不都合や損害を被る人の数を減らすよう、対応を工夫する。
②できるだけ不都合や損害の量を減らすよう、対応を工夫する。

②Vさんが職員の悪口を言う理由がある場合には、その事実を確認すると同時に、できるだけVさんの意向に従い、原因の排除に向けて対応することが求められる。

③①の結果、Vさんのふるまいが利己的なものと考えられる場合には、Vさんの行動の背景にある原因の理解に努め、Vさんが周囲の利用者や職員等と良好な関係を構築できるよう配慮して支援することが求められる。

④③を実施するにあたり、担当の介護職はVさんと話し合い、Vさんが自信をもつことができるよう工夫し、VさんのQOLや尊厳に配慮した支援が求められる。

⑤④を経て、Vさんが周囲から見直してもらえる機会を設け、Vさんが怖い存在ではないことを知ってもらえるよう努めると同時に、Vさんにも自信をもってもらい、周囲と良好な付き合いができるよう生活環境を整えて支援することが、施設側に求められる。

Step 5 解決の方針に従い、解決に向けた実践をしよう。

①施設長はVさんを自室に誘い、お茶を飲みながら「足の具合はどうですか」と聞くと、Vさんは「もう、無理でしょう」と言い、悔しそうな表情をした。そこで施設長は「Vさんは大工さん、棟梁（とうりょう）だったとか」と言うと、Vさんは「そうです」と自分を取り戻したように言った。「ところで、ここの生活は、どうですか」と聞くと、Vさんは「俺の言うことを聞かない職員もいて、腹が立つこともある」「俺は声が大きいので、周りの人は怖がる」と言った。

②①を担当の介護職に伝えると、「他の利用者と同じように注

意をしても、Vさんはいやがり反発します。私以外にも何人かはVさんから反発され、利用者の前で悪口を言われます」と話した。施設長は「なぜ、注意されるとVさんは反発するのだと思いますか」と尋ねると、担当の介護職は「Vさんは、自分の思いどおりにしたくて、他人に従いたくないようです」と答えた。施設長は「当分の間、できるだけVさんの意向を優先してみたらどうでしょうか。Vさんは、棟梁として命令する立場でしたが、ここでは、毎日、"命令"されることが多いので、つらいのかもしれません」と言った。

③②の施設長の提案をスタッフ会議で話し合い、早速、試みることになった。担当の介護職は「Vさん、今日は午後からカラオケ教室がありますが、参加されますか」と聞くと、Vさんは「皆、行くのに、俺だけ行かなくても大丈夫か」と言うので、「先週Vさんが欠席だったので、皆さん、Vさんの声が聞きたいと言っていましたよ」と話し、「Vさん、今日は教室で司会をしてみませんか」と確認すると、「声が大きいから、皆いやがらないかな」と言った。担当の介護職は「声が大きいから、はっきり聞こえていいのではないですか」と励ますと、Vさんは「そうか」と言った。

④司会役は、他の利用者や職員に好評で、今後はVさんの役目と決まった。Vさんはうれしそうな照れたような笑顔を見せ、周囲はVさんのやさしさを知るきっかけとなった。これを期に、Vさんの職員に反発する回数は減りはじめ、利用者はVさんを頼りにするようになってきた。

> 事例 20 について、もう少し掘り下げて考えてみよう！
>
> 尊厳ある介護実践って、何をすること？

人間の尊厳って、何だろう？

さまざまな考え方がありますが、介護の際に理解したいことは、「人間の尊厳」とは、すべての人、一人ひとりに与えられる"他者が侵すことのできない人間の価値、もしくは権利"であり、"どんな事情があっても、決して奪ったり無視したりできない人間の特性"ということができます。

人間の尊厳は、すべての個人（公の役割をもつ公人ではなく「私人」）にひとつずつ与えられる価値（特性・権利）であるため、介護現場では、公の役割をもつ介護職の立場（「公人」としての私）に"尊厳"は与えられません。倫理的には、利用者や家族など、私的な立場にある人々に対して"尊厳"が与えられます。したがって、倫理上は利用者と介護職の権利がぶつかり合うことはなく、不都合が生じない限り、利用者は優位な立場にあります。事例 20 の V さんの意向が優先される根拠はここにあるといえます。

以上のことより、尊厳ある介護とは、次のような実践を行うことといえます。

尊厳ある介護とは

①利用者の意向や立場を優先し、その人らしく暮らす権利を保障する。

②健康なころに有した利用者のすべての権利と環境を維持するために努力する。

③利用者の社会的責任や義務を果たす権利と環境を保障する。

④利用者が自己決定や自己選択ができる権利と環境を保障する。

⑤他者からの差別や侮辱、拘束を受けない権利と環境を保障する。

⑥利用者が最善の医療や介護、教育などを受ける権利と環境を保障する。

⑦安楽に死に向かうために利用者が望む"すべての援助"を受ける権利と環境を保障する。

なお、詳細は次の文献をご覧ください。

中村裕子「要介護者の尊厳を支えるコミュニケーションの意義と実践の在り方—人間の尊厳の倫理的解釈に基づく介護実践の検討」、『介護福祉』No.103、pp.23-35、2016年

2 利用者と家族間、家族と介護職間等に生じる困りごと

1では、利用者と介護職の間に生じる困りごとの事例を取り上げました。2では、「利用者と家族」および「家族と介護職」の間に生じやすい困りごとの事例について検討を試みます。

1で取り上げた「利用者と介護職」の関係が契約によって成立するのに対して、利用者と家族の関係は、血縁や縁戚によるため、介護をする義務やしてもらう権利が法に基づいて発生すると同時に、それらを放棄することもまた、法的には可能な関係といえます。利用者と家族は法的に対等な立場にあるため、利用者と家族の間に生じる介護の困りごとは、法的に解決することはむずかしい場合が多く、倫理的に解決することが期待されます。

特に、家族と介護職の間に生じる困りごとの多くは、家族と利用者の意向が異なったり、利用者の意向が確認できないような場合で、実態としては、書類上の契約者（利用者）と契約の実権を握る家族の立場の対立をめぐる問題といえます。倫理綱領や法律では、利用者の意向や権利が最も優先されるべきであると示されているにもかかわらず、家族からの要望が優先される傾向は否めないのが実情です。したがって、利用者と家族に向き合うときには、介護職は法律だけでなく、倫理的にも解決できるよう心がける必要があるのです。

ここでも、第1章と第2章で学んだことをふまえ、「問題解決の6原則」（p.11参照）と「倫理的調整の規則」（p.17参照）に従って、一緒に、問題解決に取り組みましょう。

事例21

退院後に自宅に戻りたい利用者と施設で暮らしてほしい家族への対応

　Aさん（69歳、男性、要介護3）は、3か月ほど前、農作業中に倒れて近くの病院に救急搬送され、入院となりました。脳梗塞と診断され、軽度の左片麻痺と歩行困難があるものの、退院可能となりました。Aさんは自宅からリハビリテーションのために通院することを希望しましたが、同居する長男（41歳）夫婦は、Aさんの世話をAさんの妻（66歳）が行うのはむずかしいとして、Aさんに介護施設への入所を勧めました。Aさんの妻は、近所に暮らす親戚に手伝ってもらいながら夫と自宅で暮らすことを希望しましたが、長男夫婦は主治医と相談し、退院先を介護施設に決めました。

Step 1　どこに倫理的な問題があるか、考えてみよう。

Step 2 あなたなら、この問題をどのように解決するか、考えてみよう。

Step 3 「問題解決の6原則」に照らし、「倫理的課題」を明らかにしよう。

問題点① 原則❶および原則❷が実践されておらず、長男夫婦の意向が優先され、Aさんは、自宅で妻とともに暮らす従来の生活に戻れない。

問題点② 原則❸および原則❹については、Aさんではなく長男夫婦の意向が優先される場合に生じやすい"Aさんにとっての不都合や不利益（心理的屈辱やQOLの低下）"を避ける努力や配慮を行っていない。

問題点③ 原則❺、原則❻については、施設入所に向けたインフォームド・コンセントが、Aさんや妻に対して実施されていない点が指摘される。さらに、これら倫理的配慮に欠ける点について、主治医や施設の担当者、介護職も配慮せず結論に至っており、Aさんや妻の人権や尊厳の保持に問題のあることが指摘される。

問題点④ 本事例では、担当医と介護職の2つの異なる職種がかかわると同時に、利用者側も立場の異なる、Aさん夫婦と長男夫婦とがかかわる。これら4つの異なる立場の利害関係や対立する意見を、どのような手順に従って、だれが中心となって調整するのか

問題解決の6原則

原則❶：利用者の思いや立場を最優先する。

原則❷：利用者の元気なころの生活環境の維持をめざす。

原則❸：介護実践により利用者のQOLの向上につなげる。

原則❹：利用者にとって予測される危害や不利益を避ける。

原則❺：法律を守り、正しい知識や技術、経験を適切に活かす。

原則❻：分け隔てなく、いつでもだれに対しても尊厳ある介護を実践する。

インフォームド・コンセント
p.32参照

曖昧で、結果として主治医も介護職も、Aさんの立場を倫理的に擁護する役割を果たしていない。主治医と介護職の倫理的実践に向けた連携のあり方に問題があるように思われる。

> **Step 4** 「倫理的調整の規則」に従い、解決の方針を立てよう。

倫理的調整の規則
①できるだけ不都合や損害を被る人の数を減らすよう、対応を工夫する。
②できるだけ不都合や損害の量を減らすよう、対応を工夫する。

①問題点①に対し、「Aさん夫婦の意向に配慮する」ための工夫

1）Aさん夫婦の意向を優先した場合と、長男夫婦の意向を優先した場合の長所と短所を、それぞれの立場から検討する。

2）Aさんの思いを最も理解している妻の意向を優先できない理由について、倫理的調整の規則に従って検討し、Aさんが被る心理的苦痛や長男夫婦が被る介護負担、さらに、Aさんの妻の意向を優先した場合に生じる親戚への負担等を理解し、Aさんの意向が優先される場合の恩恵と不都合の双方を理解する。

②問題点②に対し、「Aさん夫婦の不都合や不利益を回避する」ための工夫

1）Aさんの意向の実現がむずかしい場合に生じる状況について、Aさんや妻と話し合いの機会や施設見学などの体験を試み、実情を理解できる機会をつくる。

2）Aさんと妻の意向が優先される場合に生じる課題について、長男夫婦やAさん夫婦と話し合ったり、一時帰宅などの機会をとおして、それぞれの立場から見た不都合や不利益について理解する。

3）上記1）と2）をとおして、Aさん夫婦の意向が否定された場合に生じる不都合や不利益を、できるだけ回避もしくは軽減するための方策を検討する。

③問題点③に対し、「Aさん夫婦へのインフォームド・コンセントの実施」のための工夫

1）Aさん夫婦や長男夫婦に対して、Aさんの日常生活面の不自由、施設入所の長所と短所等について説明する機会をつくるよう、介護職が主治医に提案する。
2）主治医は上記1）で実施した内容について介護職と話し合い、Aさん夫婦や長男夫婦の意向を伝え、見解を交換し合う。
3）主治医、介護職、Aさん夫婦、長男夫婦、必要に応じて親戚など関係者を交えて話し合い、Aさん夫婦と長男夫婦の意向を相互に検討し、理解し合う。

④問題点④に対し、「主治医と介護職が連携をスムーズに行う」ための工夫

1）本事例の問題は、施設入所か居宅かの選択の過程で生じているため、上記③に示すように、介護職が主治医に提案もしくは依頼する形で、Aさん家族に対して、情報開示とインフォームド・コンセントの実施に向けた工夫をする。
2）施設入所の場合には、Aさん夫婦と長男夫婦は介護職と深くかかわることになるので、入所の是非の意志決定や入所体験、家族と主治医、関係者らとの話し合いの機会の設定等は、主治医と打ち合わせのうえ、介護職が橋渡しをするのが問題解決の原則❹・❺・❻の実践につながるように思われる。

> **Step 5** 解決の方針に従い、解決に向けた実践をしよう。

①「Aさん夫婦の意向に配慮する」ための実践

　Aさん夫婦は、「自宅に戻りたいという気持ちは断ち切り難い」と話し合いの場で訴えた。施設見学や体験などをとおして、施設での生活を理解したものの、一時帰宅でも不自由はあまり感じなかったと訴えた。そこで、関係者全員の総意として、原則❶、❷、❸に従い、一度、自宅に戻り、Aさんの妻を中心にAさんの生活支援を行うこととし、長男夫婦にはできるだけ負担をかけないことを約束した。

②「Aさん夫婦の不都合や不利益を回避する」ための実践

　妻の体力等に限界を認める時点で、Aさんの意向を確認し、必要に応じて長男夫婦の同意を得て、施設入所を考えることで合意した。その後、Aさんは週2日デイサービスに通っている。原則❹の実践により、原則❶、❷、❸、❺、❻も実現する結果となった。

③「Aさん夫婦へのインフォームド・コンセントの実施」に向けた実践

1) 介護職は、Aさん夫婦と長男夫婦と個別に話し合い、主治医からAさんの身体状況および今後に向けた見通しなど、情報開示とインフォームド・コンセントの実施をしてもらうことについて、同意を得た。
2) 介護職は主治医に1) の事情を伝え、実施の提案をしたところ、主治医から快諾を得て、Aさん夫婦と長男夫婦同席で、情報開示と今後に向けた見通しなどについて説明がな

され、施設入所についてはインフォームド・コンセントが実施された（本事例ではAさんと長男夫婦が同席で行うことを希望したが、一般には個別に行う場合が多い）。
3）これらの過程をとおして、長男夫婦はAさん夫婦が想像以上に自宅での生活を大切にしていることがわかり、一度、自宅に戻り、様子をみることに同意した。

④**「主治医と介護職が連携をスムーズに行う」ための実践**
　介護職は、当初は主治医と息子夫婦の意向に従わざるを得ないと思っていたが、問題解決の原則❶や❹を知ったことから、介護職として主治医と連携して、利用者のために果たすべき役割のあることがわかり、主治医と利用者家族と向き合い、③の手順で主治医と連携して、Aさん夫婦と長男夫婦の意向に対し、倫理的調整をはかった。結果として、両者の意向は適切な時期に実施可能とされた。

デンマーク社会における自己責任のあり方を説いたキルケゴールの像（コペンハーゲン）

事例22

息子夫婦の世話になりたくない利用者と施設入所に反対する家族への対応

　Bさん（75歳、女性、要介護3）は、昨年の暮れに、買い物の途中で交通事故に遭い、左大腿部を骨折しました。入院・手術後、約3か月が経過した現在は、リハビリテーションを行っていますが、術後の経過が思わしくなく、歩行器や車いすでの移動がほとんどです。

　先日、主治医とBさん、Bさんの長男夫婦は、退院に向けて話し合いました。Bさんは、夫の死後は長男に自宅を任せ、自分は近所にマンションを借りてひとり暮らしをしています。今後も、Bさんは長男夫婦の世話にはなりたくないと言い、施設入所もやむを得ないと考えています。しかし、長男夫婦は、Bさんの施設入所には大反対で、自宅が広いので、退院後は、自宅で療養してほしいと言います。主治医は、ケアマネジャーを交えて、再度話し合うことを提案しました。

Step 1 どこに倫理的な問題があるか、考えてみよう。

Step 2 あなたなら、この問題をどのように解決するか、考えてみよう。

Step 3 「問題解決の6原則」に照らし、「倫理的課題」を明らかにしよう。

問題点① 現時点では原則❶の実践がむずかしく、Bさんの希望する自分のマンションか介護施設で退院後の生活を送ることについて、長男夫婦は反対している。

問題点② 原則❷や原則❸を実践する場合、元気なころのBさんの生活の場は2か所あり、長男夫婦のいる自宅がよいか、ひとり暮らしをしていたマンションがよいか、判断がむずかしい。Bさんの意向を優先しつつ、長男夫婦の意向や原則❹、❺、❻の実践も視野に入れた場合、どのような対応がBさんにとって最善か、見通しがむずかしい。

問題解決の6原則
原則❶：利用者の思いや立場を最優先する。
原則❷：利用者の元気なころの生活環境の維持をめざす。
原則❸：介護実践により利用者のQOLの向上につなげる。
原則❹：利用者にとって予測される危害や不利益を避ける。
原則❺：法律を守り、正しい知識や技術、経験を適切に活かす。
原則❻：分け隔てなく、いつでもだれに対しても尊厳ある介護を実践する。

Step 4 「倫理的調整の規則」に従い、解決の方針を立てよう。

1) 問題点①に対し、「Bさんの意向を優先する場合に生じる長所と短所」をBさんに理解してもらう工夫

① Bさんの意向に従いマンションに戻った場合、Bさんの思いは叶えられるものの、入院前の状態とは異なり、Bさんが自立した生活を送ることはむずかしい。日常生活面を「だれ

倫理的調整の規則
①できるだけ不都合や損害を被る人の数を減らすよう、対応を工夫する。
②できるだけ不都合や損害の量を減らすよう、対応を工夫する。

にどのように支えてもらうのか」について、Bさんと話し合い、十分に理解してもらう。

②Bさんの「施設へ入所する」という意向について、Bさんは施設入所後の生活の状況を適切に理解しているかどうかを確認する。入院前に、Bさんが自宅から離れ、ひとり暮らしをしていたのは、だれにも気兼ねせず、自由に生活したかったためで、長男夫婦との折り合いはよくも悪くもなかったという。退院後に、Bさんが他者と一緒に施設でQOLを維持して暮らせるかどうか、Bさんの性格や生活背景に基づき十分検討を行う。

2）問題点②に対し、「長男夫婦の意向が優先される場合の長所と短所」を長男夫婦やBさんに理解してもらう工夫

①長男夫婦の意向に従い、Bさんが自宅に戻った場合の人間関係や経済面について、Bさんや長男夫婦と話し合い、今後の生活設計について検討する。

②自宅で生活する場合のBさんの居室や生活の仕方など、支援の必要な側面について、ケアマネジャーを交えて具体的に話し合い、長男夫婦と自宅での生活が可能かどうか検討する。

③Bさんには、自宅に戻る選択をしない理由について、長男夫婦には、施設入所に反対する理由について、別々に意見を聞き、問題解決の原則❹、❺、❻の実践に活かす。

3）上記①と②の結果から「Bさんにとって最善の対応」を見出す工夫

Bさんの意向のうちのどちらかが優先されても、または長男夫婦の意向を優先せざるを得ない状況でも、問題解決の原則❹に従い、Bさんに不都合が生じたりQOLが低下したり、

尊厳を損ねたりしないよう、主治医やケアマネジャーは、必要に応じて、説明や情報提供を行い、関係者の合意に向けて努力する。

> **Step 5** 解決の方針に従い、解決に向けた実践をしよう。

1）Bさんの意向に配慮した生活の場を確保するための実践

① Bさんに「退院後のマンションでの生活は大丈夫ですか」と尋ねると、Bさんは「何とか努力すれば、できる」と答えた。そこで、主治医はケアマネジャーと相談し、長男夫婦に協力を依頼し、マンションへの一時帰宅を退院前に２回実施した（原則❶、❷、❸の実施）。

② 上記①の結果、入浴、排泄、移動、掃除など家事全般に介助が必要だが、下肢を使わない衣服の着脱と食事については、準備してもらえれば、自力で可能なことがわかった。また、買い物や銀行、郵便局や病院への通院などには介助が必要なことがわかった。

③ これら①②の結果から、現状ではマンションでのひとり暮らしはむずかしいと、Bさん自身で判断し、かわりに"施設入所"を希望した。そこで、長男夫婦の了解のもと、ケアマネジャーと施設職員の協力を得て、Bさんは施設見学、デイサービスを体験した。Bさんは見学をしたときはご機嫌だったが、デイサービスを半日体験した後は元気がなくなったという。

④ 主治医とケアマネジャーは、Bさんに自宅に戻りたくない理由、長男夫婦には、施設入所に反対する理由を別々に尋ねた。Bさんは、当時３人の孫たちの世話をせずに家を出たことを後ろめたく思っていることを理由にあげ、長男夫婦は、施

設が自宅から遠いことと入所費用の負担をあげた。
⑤主治医はBさんに、自宅の様子を見に行くことを勧め、長男夫婦の思いや施設入所の費用などについて説明した。Bさんは「夫の仏壇にお参りしたい」と言い、長男の車で自宅を訪れた。以前と異なり、Bさんの居室も静かで落ち着くと話し、懐かしそうだったという。その後、Bさんは主治医に「自宅に戻りたい」と告げた（原則❶、❷、❸）。

2）「Bさんに生じる不都合や不利益を回避する」ための実践

①1）の結果、Bさんは長男夫婦の暮らす自宅で生活する気持ちに向いたが、その場合、Bさんの症状が進行したり、長男夫婦の生活に支障が生じたりしても、Bさんにとって最善の生活環境が保障されるよう、事前に相談しておく（原則❹、❺、❻の実施）。

②万が一、長男夫婦とBさんの折り合いが悪化した場合には、Bさんが施設入所を選択しやすくするため、退院後は、3）に対応するためにも、デイサービスやショートステイ利用の機会をつくり、Bさんが集団生活になじめるよう工夫する（原則❸、❹）。

3）「長男夫婦に生じる不都合や不利益を回避する」ための実践

①Bさんが自宅での生活を希望した場合に、長男夫婦のどちらかに不都合が生じた場合の対応について、主治医やケアマネジャーは長男夫婦に説明し、適切な対応ができるよう指導する。

②親を介護する義務、放棄する権利などについて、主治医とケアマネジャーは長男夫婦に説明し、指導を行う。そして、長

男夫婦にとってBさんの世話がむずかしいときには、代替手段のあることを説明し、2)②の実践などを勧める（原則❹、❺、❻の実践）。

> 事例22について、もう少し掘り下げて考えてみよう！
>
> **もしBさんが自宅もいやだと言ったら？**

🔍 **どうしていやなのでしょう？**

たとえば、利用者は、①～④のように考える可能性があります。

①嫁や婿（娘や息子）との関係がよくなくて「世話になりたくない」
②自分の子どもが自分の介護（世話）で苦労するのを見たくない
③元気なころの自分を知っている人たちに"不自由な姿"を見せたくない
④経済面の心配はないので、介護は、家族ではなく専門職にお願いしたい

🔍 **では、どうしたらいいの？**

①最も実行しやすい本人の意向を見つけて、少しでも本

人にとって実現しやすい環境や条件を整える工夫を試みます（原則❶〜❹）。本人の意向に沿うことがむずかしい場合は、本人や家族・関係者に与える不都合や損害の度合いが軽くなるよう調整します（調整の規則）。

②Ｂさんの場合であれば、まずは、Ｂさんがいちばん最初に戻りたいと言ったマンションでの生活を諦めずに前向きに考えてみます。一時帰宅でわかったＢさんの「支援が必要なこと」を支援する体制を工夫します。

③介護保険による居宅サービスを利用して、可能な家事援助を提供し、十分でない部分は、Ｂさんや長男夫婦と相談し、地域ボランティア等も含めて工夫します。

④Ｂさんのマンションでの生活を周囲が誠意をもって支えることをとおして、マンションでの生活に限界が来たとき、施設入所か自宅への移動に対し、Ｂさん自身が快く実行できるよう、担当の介護職やケアマネジャーは支援します（倫理的調整の規則および原則❶、❺、❻）。

自分が安心できる場所は、このベッド、この部屋
（デンマークの高齢者介護施設）

事例23

トイレで排泄したい利用者と
おむつを着用してほしい家族への対応

　Cさん（82歳、女性、要介護3）は、脳卒中の後遺症で構音障害と左半側の運動機能の低下があり、日常生活に介助が必要です。認知症の症状はなく、右手右足の動作も可能で、尿意や便意を適切に伝えられることから、週4日通うデイサービスでは、おむつを使用せずにトイレ誘導を行い、Cさんも喜んでいました。ところが、半月ほどして、家族からデイサービスに苦情が寄せられました。自宅では家族が忙しくて、Cさんをトイレに誘導することはむずかしいので、デイサービスでのトイレ誘導はやめて"おむつ着用"による排泄介助に戻してほしいとの抗議でした。

　そこで、担当の介護職はCさんに「ご家族からの依頼なので、ごめんなさい」と謝り、やむを得ずおむつを着用してもらいました。しかし、Cさんは「トイレ！」と担当の介護職に告げるので、「おむつにしていいんですよ」と促したり、時には「内緒でトイレに行きましょう」と言って、トイレ誘導をしました。

Step 1 どこに倫理的な問題があるか、考えてみよう。

Step 2 あなたなら、この問題をどのように解決するか、考えてみよう。

Step 3 「問題解決の6原則」に照らし、「倫理的課題」を明らかにしよう。

問題点① 介護職が実施しているトイレ誘導による排泄介助は、問題解決の原則❶〜❻に従う適切な実践であり、Cさんも喜んでいたが、家族の都合により否定され、おむつ着用による排泄介助の要望が出された。

問題点② 不適切と思われるうえにCさんが望まない介護実践を、家族等が強いるような場合、担当の介護職を含む関係者は「どのように対応したら、利用者の尊厳を守ることができるのか」について、現場で十分に周知されていない。

問題解決の6原則
原則❶：利用者の思いや立場を最優先する。
原則❷：利用者の元気なころの生活環境の維持をめざす。
原則❸：介護実践により利用者のQOLの向上につなげる。
原則❹：利用者にとって予測される危害や不利益を避ける。
原則❺：法律を守り、正しい知識や技術、経験を適切に活かす。
原則❻：分け隔てなく、いつでもだれに対しても尊厳ある介護を実践する。

Step 4 「倫理的調整の規則」に従い、解決の方針を立てよう。

1）問題点①について、「家族にトイレ誘導してもらえないCさんの気持ちや不都合な状況」について家族に理解してもらう工夫

①健常者（家族）と利用者（Cさん）の立場は、法律では対等でも、介護の倫理では、利用者の立場が優先され、健康なころの状態が維持できるよう支援を受ける権利が保障されている。この事実を家族に伝える機会を設ける。

②Cさんは不明瞭な発音でも、内容が適切で意思疎通は可能なことを家族に伝えると同時に、Cさんが望む限り、トイレ誘導を行うことは人権擁護や尊厳の保持には欠かせない支援で、「わがまま」などではないことを理解してもらう。

③生計を立てるうえで、家族にとってCさんの介護がむずかしい場合には、Cさんの生活支援を他者に代替してもらう必要のあることを家族に理解してもらう。

2）問題点②に対し、「Cさんの意向を最優先し、尊厳ある生活を支援する」ことの意義について、担当の介護職に理解してもらう工夫

①家族からの要請や依頼が、利用者の意向に反するような場合に、介護職は、やむを得ず家族の要請に従い、原則❶を破ってしまう事実に対し、介護職が問題意識をもって、解決に向けて話し合える環境を整える。

②各介護職に、Cさんの意向が優先される場合とされない場合の長所・短所について意見を述べてもらい、家族と利用者、どちらの立場を優先するときに利用者は安心し、安全で幸せ

> **倫理的調整の規則**
> ①できるだけ不都合や損害を被る人の数を減らすよう、対応を工夫する。
> ②できるだけ不都合や損害の量を減らすよう、対応を工夫する。

なのかを話し合う機会を設け、尊厳ある介護実践について理解を深める工夫をする。

③家族に利用者の尊厳を理解し、協力してもらうには、単に利用者を支援するだけでなく、家族への指導や相談に応える必要があることを、介護職一人ひとりが気づき理解できるよう工夫する。

3) 1) と 2) の実践結果をふまえ、Cさんと家族の双方に満足し納得してもらえて、介護職もやりがいを感じられるような最善の対応を見出す工夫

①トイレ誘導に抗議する理由が、家族の都合（多忙）だけの場合には、家族の都合が改善される方法について、主治医、ケアマネジャー、介護職、家族で話し合い、家族のトイレ誘導が要領よく実施できるよう工夫する（原則❹）。

②トイレ誘導に抗議する背景に、家族の多忙な面だけでなく、Cさんの介護に対する複雑な思いや経済面などの悩みを抱えている場合には、主治医、ケアマネジャー、介護職、家族、Cさんを含めて十分に話し合い、Cさんと家族の双方の都合を調整し、互いに損得を応分に負担し、互いの人権や尊厳が保持できる生活の仕方を見出せるよう工夫する（原則❶〜❻）。

Step 5 解決の方針に従い、解決に向けた実践をしよう。

1) 利用者の意向を最優先するという"介護の倫理"を理解してもらう実践

①Cさんの家族と介護職、主任、ケアマネジャー、施設長で

話し合い、一般的な「排泄介助」について、主任は資料（介護福祉士養成のテキスト）を用いて説明した。また、居宅における排泄介助の様子をビデオ（15分程度）で観てもらい、約1時間、話し合った。Cさんの意向が「わがまま」などではなく、当たり前の要望であることを家族に理解してもらえるよう説明した。

②1週間後、ケアマネジャーに自宅を訪問してもらい、自宅でのトイレ誘導を家族ができるかどうか確認したところ、「家族4人で相談してみる」という返事をもらった。

③Cさんとケアマネジャー、介護職で話し合い、Cさんに施設入所の意思を確認したところ、「トイレ誘導ができないと家族が言う場合には、考えてもいい」と答えたものの「やっぱり、夜は自宅がいい」とつぶやいた。

2）家族の要望が不適切なために、利用者のQOLが低下するような場合の対応について、介護職が学んだり話し合ったりできる就労環境を整備するための実践

①不適切な要望であっても、家族の要望が利用者の意向より優先されるのは、介護職が"尊厳ある介護実践"の意味を十分に理解していないためと考え、毎月1回研修会を開き、「尊厳ある介護」の理解に全員で取り組んだ（約90分）。

②3回目の研修を終えたころに、「だれの意向を大切にしたとき、利用者は落ち着いていたか」「だれの意向を大切にしたとき、介護するあなたは、最も満足感が得られたか」についてレポート（400字程度）を書いて、発表してもらった。

③他者の発表を聞くことをとおして、同じ講義や体験でも、感じ方や受け止め方が異なることに気づき、自分の考えに自信をもったり修正したりすることを学んだ。

④上記①〜③をとおして、利用者の意向を家族等に理解してもらうための努力（説明や指導）をすることが、介護職には必要だと気づき、施設内では職員が家族等と話す姿が多く見られるようになった。家族から「ありがとうございます、ご苦労さまです」と言われる機会が増えた。

3）原則❶〜❻に基づき、Cさんにとって尊厳ある生活環境が保障されるための実践

①トイレ誘導による排泄の重要性を理解した家族は、相談の結果「毎日、朝夕とデイサービスを利用しない日の昼間はトイレ誘導を行うが、夜間はおむつを着用してほしい」と提案した。Cさんは快く同意し、デイサービスは週4日から週5日に増えた。

②Cさんがデイサービスで排泄介助を受けるとき、家族にコツを覚えてもらうため、介護職は見学するよう家族に勧め、ひとりずつ3人の家族が随時参加した。

③Cさんは「家族がよくトイレ誘導をしてくれる。高校2年の孫がいちばん上手」と喜んでいる。家族は「少々負担だが、親が望む自宅で一緒に生活できるのはありがたい」と話す。

利用者や家族の要望が
事業所の標準的レベルを超えるときの対応

　Dさん（75歳、男性、要介護1）は、昨年、妻に先立たれて以来、ひとり暮らしをしています。最近、物忘れの症状がみられ、食事の準備ができないこともあって、離れて暮らす息子が心配し、主治医に相談しました。受診の結果、初期の認知症と診断され、他者とのコミュニケーション（かかわり）の必要性が指摘されました。そこで、今月から週3回デイサービス（一部自費）に通うことになりました。

　その後、息子からケアマネジャーに電話があり、Dさんは集団生活が苦手なこと、日中でも気分でブランデーやワインなどを口にする習慣があること、大手コンピューター会社の役員だったこともあり、高価な物を携帯していること、騒音や無駄口を嫌うこと、食事の好き嫌いが多いことなどを伝えてきました。さらに、Dさんが「1日中、デイサービスで過ごすのは大変なので、iPadを持っていきたい」「嫌いな食べ物が出たときのために、缶詰やワインを持っていきたい」と言うので、息子は心配になり、ケアマネジャーに施設側の対応を確認してきました。施設側の回答は「施設は多くの人が利用するので、Dさんの意向には沿えかねます。食事も日課も施設で準備するものに従っていただきます」ということでした。数日後、息子をとおしてDさんは通所を断ってきました。

Step 1 どこに倫理的な問題があるか、考えてみよう。

Step 2 あなたなら、この問題をどのように解決するか、考えてみよう。

Step 3 「問題解決の6原則」に照らし、「倫理的課題」を明らかにしよう。

問題点① 施設側が要望を断ったため、Dさんは通所を取り消した。この状況は、施設側の意向を優先させただけでなく、施設側は、Dさんに生じ得る"不利な状態"を回避するための配慮を実施していない（原則❶、原則❹が守られていない）。

問題点② 施設という集団生活の場では「どのような場合に施設側の意向が優先され、どのような場合に利用者個人の意向（ニーズ）が優先されるか」について、施設側はDさんや息子にインフォームド・コンセントを行っていない。

問題解決の6原則
原則❶：利用者の思いや立場を最優先する。
原則❷：利用者の元気なころの生活環境の維持をめざす。
原則❸：介護実践により利用者のQOLの向上につなげる。
原則❹：利用者にとって予測される危害や不利益を避ける。
原則❺：法律を守り、正しい知識や技術、経験を適切に活かす。
原則❻：分け隔てなく、いつでもだれに対しても尊厳ある介護を実践する。

Step 4 「倫理的調整の規則」に従い、解決の方針を立てよう。

1）問題点①に対して、原則❶や❷、❸、❹、❻を実践するための工夫

①意向（ニーズ）が断られたことで生じる"Dさんの気持ちやQOLの変化"について、施設側は理解を深め、Dさんに不都合が生じないよう対応を工夫する。

②ケアマネジャーは、Dさんの意向を担当の介護職に理解してもらえるよう努め、Dさんが気持ちよくデイサービスを利用できるよう、施設に働きかけたり、利用者と施設関係者の相互理解に向けた支援を工夫する。

③Dさんの意向（ニーズ）は「標準」から外れるかもしれないが、一方的に否定せず、集団の中の個人の意向の重みを十分に理解し、施設側の都合や慣習にこだわらず、Dさんがデイサービスに安心して通所できるよう、不安や不都合な状況を回避する努力を、介護関係者は連携して試みる。

2）問題点②に対して、原則❶や❹、❺、❻を実践するための工夫

①法的規制などに従う"施設側の意向や利用者規約"の内容について、施設の担当者は、Dさんや家族に説明する機会を設け、納得してもらえるよう努める。

②法的根拠ではなく、施設独自の方針や社会的通念、道徳などを根拠に、利用者や家族の意向を却下する場合には、Dさんのように通所を諦めるなどの不利な状況や不都合が生じないよう、両者で話し合い、折り合える条件を模索する。

③"尊厳ある介護"を行うには、集団生活であっても"各利用

倫理的調整の規則
①できるだけ不都合や損害を被る人の数を減らすよう、対応を工夫する。
②できるだけ不都合や損害の量を減らすよう、対応を工夫する。

者のニーズ（意向）"に応える必要があり、集団生活を根拠に、利用者の意向を却下したり無視したりできない場合もあり得る。Dさんの意向の「どのような点が、どのような場合に、どのように集団生活を乱すのか」を明確にし、Dさんと家族にインフォームド・コンセントの実施を工夫し、同意もしくは折り合える条件を見出すための努力を試みる。

インフォームド・
コンセント
p.32参照

3）上記1）と2）の実践をとおし、Dさんと施設側の両者が納得できるよい結果を得られるための工夫

① Dさんの意向の「どのような点が集団生活に不向きなのか」について、関係者で検討した結果に基づき、Dさんが納得できる条件を提案し、Dさんの通所を可能とする。

② ①がむずかしい場合には、デイサービスに代わる支援（たとえば、訪問介護サービスなど）について、Dさんや息子、主治医、介護関係者と話し合い、Dさんが安心して自分らしい生活を送ることができる環境を整えるために工夫する。

Step 5　解決の方針に従い、解決に向けた実践をしよう。

1）利用者の意向を優先し、希望するデイサービスに通所できるようにするための実践

① Dさんの希望する"ワインやiPad、好物の缶詰などの持ち込み"が、施設で準備している食事や日課の実施の妨げになる可能性について、Dさんや息子に理解してもらうため、ケアマネジャーは話し合いの機会を設けた。

② Dさんと息子は、施設長や担当の介護職の説明を聞き、デイサービスの様子を見学した。息子は「父は無理だと思う」

と言い、Dさんは「ワインと缶詰はいらないが、iPadは必要」と訴えた。ケアマネジャーは、iPadの持参についての検討を施設職員に依頼し、再度話し合うことを約束した。

③1週間後、2回目の話し合いが行われ、iPadに対する施設側の方針がDさんに伝えられた（息子は仕事のため欠席）。「他の利用者や職員の不注意などで、高価なiPadを破損したり紛失しても、施設としては責任が取れないが、もし、Dさん自身の保険でカバーしてもらえるなら、Dさんの生きがいでもあるので、持参してください」とのことだった。後日、息子から「保険には加入している」との返事をもらった。

2）**「他の利用者の利得を損ねるような意向とは、どのような意向なのか」を明確にして、各職員が利用者や家族に説明したり適切な対応ができるよう研修し、全職員が尊厳ある介護を理解し実践できるようになるための実践**

①施設でアンケート調査を実施したところ、多くの職員が「ひとりの意向を認めると、際限がなくなるので、施設として基準をもうけたほうがよい」と回答したため、検討委員会を設け、資料（巻末「参考文献」18））を参考に、以下のような基準を提案した。

1　法に触れない物品で、施設内で職員が取扱い可能な物品
2　他の利用者の生命や人権、尊厳を損ねる直接的原因とならない物品
3　施設内の機器や建造物、雰囲気などを物理的・心理的に壊さない物品

②上記の基準の運用を一定期間試してみることになり、Dさんの意向についても適用した。基準に合う意向については、施設側の受け入れに向けた環境を整えるため、特に問題解決の原則❹の実践について職員全員が意見を出し合った。Dさんの場合は損害賠償の責任が課題だったが、保険でカバーされるため承認となった。

3）Dさんの日常生活がQOLを維持し、安心して尊厳あるものとなるようにするための実践

上記1）と2）をふまえ、Dさんと息子にインフォームド・コンセントを実施したところ、iPad持参での通所を希望した。通所後、DさんはiPadについて他の利用者から質問され、退屈することなく過ごし、「思ったより楽しい」とケアマネジャーに伝えた。介護職は、iPadを壊したり紛失したりしないよう、声かけと確認を行い、他の利用者との間にトラブルが生じないよう気配りをして、今のところ、事なきを得ている。

> 事例 24 について、もう少し掘り下げて考えてみよう！
>
> **集団の場で、個々のニーズに応えるには？**

🔍 施設等で"個々のニーズや意向"が優先されにくい理由は？

　集団生活のなかで、個々のニーズや意向に応えることがむずかしいのは、なぜでしょうか。集団生活の基本的方針は、主に、国や地方自治体の方針、施設各々の設立理念などを基盤とする場合が多く、個々のニーズや意向に応えると公言しつつも、結果として"標準的レベル"に焦点があてられ、全体の統制がむだなく敏速に稼働し、事故などが生じないような運営を心がける傾向にあります。多くの集団が、このような特徴をもった規則や方針で運営されるため、Ｄさんの事例のように、高齢者介護施設などでは、個々のニーズや意向に対応するのがむずかしくなるようです。つまり、利用者一人ひとりの尊厳に焦点をあてた規則や方針づくりがなされない限り、集団生活の場で、個々のニーズや意向に応えるための"倫理的に適切な環境"は整わないように思われます。

🔍 集団生活の場で倫理的に認められるニーズや意向の条件とは？

　個々のニーズや意向に応える姿勢は、人間の尊厳を保

持する視点が求められると同時に、集団の中で互いの尊厳がぶつかり合うことへの倫理的判断が必要です。したがって、集団生活の場で、倫理的に認められるニーズや意向の条件は、「問題解決の6原則」（p.11参照）や「倫理的調整の規則」（p.17参照）、生命倫理の原則やICFなどを参考に、次のようにまとめることができます。

集団生活の場で倫理的に認められるニーズや意向の条件

1. 生活環境に多大な犠牲や損害を生じさせないこと
2. 周囲の人々に不快感や不都合をもたらさないこと
3. 本人のQOLや尊厳を大きく損ねないこと
4. 法律や社会的正義性に大きく反しないこと
5. 宗教的教義や社会的通念に大きく反しないこと
6. 教科書や先人の知恵など専門性に大きく反しないこと

デイサービスの利用者が家族から虐待を受けている場合の対応

　Eさん（79歳、女性、要介護3）は、脳卒中の後遺症で左上下肢に軽度の片麻痺があり、歩行やADLに支障があります。3年前に夫が他界した後は、息子（46歳、独身）と同居し、週2回デイサービスを利用して2年が経過しました。食事は右手を使って自分で食べることができます。排泄はポータブルトイレを使用し、入浴はデイサービスで介助を受けています。

　最近、Eさんは元気がなく、デイサービスでも他の利用者との会話も少ないため、担当の介護職が「体調が悪いのですか」と尋ねると、何か言おうとして泣き出してしまいました。その後、デイサービスを休むことが増えたので、ケアマネジャーと担当の介護職が自宅を訪問すると、Eさんはベッドに横になっていて、顔や腕に傷やあざが見られました。「どうしたのですか」と聞くと、「息子を困らせるから…。仕方ないね」と言って涙をこぼしました。以前より痩せて、おむつをしており、心身の状態の悪化が見られました。翌日、息子に電話をして「お母さんの状態はいかがですか」と聞くと、「元気です」と答えました。

　2週間ほどが過ぎて、息子から「母が脳卒中を再発して入院しました」と電話がありました。

Step 1 どこに倫理的な問題があるか、考えてみよう。

Step 2 あなたなら、この問題をどのように解決するか、考えてみよう。

Step 3 「問題解決の6原則」に照らし、「倫理的課題」を明らかにしよう。

問題点① Eさんの思いや状況を十分に理解できず、QOLや尊厳ある生活環境、心身の機能維持に向けた生活支援を行う機会を見失い、結果として尊厳ある介護実践ができなかった（原則❶、❷、❸、❹、❺が守られていない）。

問題点② Eさんが虐待されている事実を知ったにもかかわらず、家庭内虐待の軽減や回避などに向けた介護専門職としての対応がとれず、Eさんの人権を擁護することができなかった（原則❶、❹、❺、❻が守られていない）。

問題解決の6原則
原則❶：利用者の思いや立場を最優先する。
原則❷：利用者の元気なころの生活環境の維持をめざす。
原則❸：介護実践により利用者のQOLの向上につなげる。
原則❹：利用者にとって予測される危害や不利益を避ける。
原則❺：法律を守り、正しい知識や技術、経験を適切に活かす。
原則❻：分け隔てなく、いつでもだれに対しても尊厳ある介護を実践する。

Step 4 「倫理的調整の規則」に従い、解決の方針を立てよう。

1）問題点①に対して、原則❶、❷、❸、❹、❺を実践するための工夫

①Eさんは認知症の症状はなく、コミュニケーションは可能なので、デイサービス利用の際に、日常生活面の様子を聞き、本人の意向やニーズを把握して、QOLの低下が生じないための対応が必要である。

②仕事を抱える息子がEさんの生活困難に対応することで生じやすいさまざまな困難を、介護職やケアマネジャーは予測して、回避できるよう、Eさんと息子の両者の尊厳に配慮した支援を工夫する。

③息子に遠慮して言えないEさんの思い、不慣れな介護を疲れた心身で行う息子の悩みや本音など、担当の介護職やケアマネジャーは、常に話し合える関係を構築し、EさんのQOL低下が生じないための工夫が求められる。

2）問題点②に対して、原則❶、❹、❺、❻を実践するための工夫

①Eさんが家族から虐待を受けている可能性が示唆される段階で、介護職はケアマネジャーにすぐに連絡し、直属の上司に了解を得て、デイサービスの送迎の際に、自然な形で息子と会う機会を調整する。

②息子との信頼関係の構築に向け、介護職やケアマネジャーは面接やカウンセリングの機会を見つけ、息子の疲労や悩みの軽減に向けた支援を試みる。

③息子の責任感やプライド、生きがいなどが満たされるような

倫理的調整の規則
①できるだけ不都合や損害を被る人の数を減らすよう、対応を工夫する。
②できるだけ不都合や損害の量を減らすよう、対応を工夫する。

生活環境づくりに向けて、息子がケアマネジャー、施設の関係者らと気軽に話し合える機会が増えるよう工夫し、息子がＥさんの介護のあり方を客観的に把握できるよう支援する。

④①〜③の実施中に虐待が深刻化する場合には、ショートステイなどを利用して、息子の介護負担の軽減に向けた緊急対応を試みる。息子を責めたり問い正したりせず、労をねぎらい尊厳に配慮する一方、法的関係機関への連絡は、守秘義務のもと、施設の責任者の指導に従い、対応する（詳細は本書 p.35 参照）。

3）上記1）と2）の実践をとおし、Ｅさんの今後の生活環境が適切となり、息子の生活も尊厳が保持され、両者にとって生きがいのある毎日が保障されるための工夫

①Ｅさんの退院が見通せる時期に、Ｅさんと今後の生活の場について話し合い、息子の負担を軽減するための手立てを紹介し、Ｅさんの自己決定を支援する。

②息子と話し合い、①のＥさんの意向を伝え、今後に向けた介護のあり方についてインフォームド・コンセントを行い、息子の介護負担軽減の方策や過去の事例や体験談を紹介して、息子の自己決定を支援する。

③Ｅさんと息子の自己決定の内容が異なる場合には、まず息子の介護負担軽減を確実に実施することを優先し、両者に状況の理解に向けた支援を行う。

インフォームド・コンセント
p.32 参照

Step 5 解決の方針に従い、解決に向けた実践をしよう。

1）Eさんの日常生活面のQOLを維持するための実践

①退院後の生活について、主治医からケアマネジャーに相談があり、1か月後の退院予定に合わせてEさんと話し合うため、入院先を訪問した。

②ケアマネジャーが退院後の生活についてEさんの意向を確認すると、「主治医から日常生活の自立はむずかしいと告げられたが、施設での生活は自信がない」と言い、「息子さえよければ、自宅で暮らしたい」と言う。

③息子との関係について「疲れていると、手が出てしまうのではないですか」とさり気なく聞くと、「そこだけが心配…」と言い、顔を曇らせ言葉を詰まらせた。

④Eさんの③の状況を受け、ケアマネジャーは主治医と相談した。そして、主治医を交え、息子との話し合いの場を設けることを提案し、1週間後に実施した。

2）息子の悩みが軽減され、プライドや社会的立場が守られるための実践

①上記1）の状況を受け、主治医はEさんの身体状況から日中のひとり暮らしはむずかしいことを伝え、ケアマネジャーは、息子の出勤前や帰宅後の介護負担について説明し、介護保険等による支援体制について説明した。

②息子は「親子だと口論になったり、つい手が出ることもある」と言い、「仕事もあるので、食事や排泄、入浴などの世話は無理だ」と話した。しかし、「これらが介護保険のサービスで軽減されるのであれば、母が自宅での生活を望む以上、私

も努力したい」という意向を示した。

④息子の意向をEさんに伝えたところ、Eさんは、「息子に申し訳ない。何もできなくなってしまって…」と泣き出してしまった。しかし、「息子が努力するというのなら、私も頑張ってリハビリでも何でもする」と言い、退院後の自宅での生活支援体制の立案をケアマネジャーに依頼した。

3）Eさんと息子の双方に"尊厳ある日常生活"が保障されるための実践

①退院前に日中と夜間の状況をEさんと息子と共有するため、ケアマネジャーは一時帰宅を提案し、主治医とEさん、息子の了解を得て実施した。

②①の結果、訪問介護とショートステイを利用することで、息子とEさんの合意を得た。一部自己負担が生じたが、Eさんも息子も了解した。

③退院の1週間後にケアマネジャーが自宅を訪問すると、訪問介護員の隣でEさんも夕食の準備を手伝おうとしており、笑顔で「おかげさまで何とか」とあいさつした。

> 事例 25 について、もう少し掘り下げて考えてみよう！
>
> 家族の虐待に介護職が適切に対応するには？

🔍 特別視せず、落ち着いて状況の理解に努めよう！

家族は、いつも理想的な状況ばかりでなく、むしろ、いがみ合い、文句を言い合いそして仲直りを繰り返すことのほうが「通常」ともいえます。しかし、介護が必要となった高齢者（一般には親や夫、妻）については、健常者と「要介護者」（利用者）という倫理的配慮の必要な関係となるため、虐待への対応が求められます。人が集まれば、だれにでも、どこにでも生じ得ることです。習慣化する前に、できるだけ早く気づくことが大切です。

🔍 利用者は、見方を変えれば「加害者」になってしまう？

虐待される被害者は、通常介護される高齢者（利用者）ですが、利用者が存在しなければ、介護をすることもないので、加害者となる「介護者」は存在しなかったといえます。つまり、利用者が虐待の原因をつくったと考える場合には、介護者（家族）を加害者にしたのは、利用者（要介護者）ということになり、利用者は被害者であると同時に、「加害者」になってしまうことになります。家族介護に見られる虐待は、被害者である利用者に原因

の一端があることを忘れず、加害者となる介護者（家族）と向き合うことが大切です。

🔍 虐待を罰するのではなく、虐待をする人の心情を受け止め、支援しよう！

倫理的には、虐待の加害者と被害者の双方に対し、それぞれに支援することが求められます。被害者とされる利用者には、尊厳が保持され、QOLが維持される生活環境が保障されるよう支援します。他方、加害者とされる介護者（家族）には、心身の疲労の回復と自らの尊厳の保持とQOLが保障される生活を送ることができるよう支援します。

罰するのではなく、虐待の原因となる介護者（家族）の苦悩を受け止め、理解し、実践できるよう指導し、一緒に支え合っていくことが大切です。

政治や福祉は、この彫刻のように苦しむ人をつくらないために行う（デンマーク・コペンハーゲンの国会議事堂の入り口）

利用者を虐待している職員がいる場合の対応

　Zさん（82歳、男性、要介護3）は、元小学校の教員で、定年退職後は妻とふたりで暮らしていました。5年ほど前に妻が亡くなった後は、ひとり暮らしをしていましたが、2年ほど前に玄関先で転び、大腿骨を骨折し入院しました。手伝いに来た長女が、Zさんの認知症の症状に気づき、主治医に相談したところ、術後の経過も思わしくなかったことから、長女は退院後の自宅でのひとり暮らしはむずかしいと判断しました。Zさんも長女の意見に同意したため、要介護認定を受け、特別養護老人ホームで生活を始めました。

　入所して1年8か月が経過した先月、Zさんの担当の介護職が変わり、若い男性職員Sになりました。職員Sは、通信教育で介護福祉士の資格を取得した努力家ですが、「高齢者は好きではない」と言い、Zさんが職員Sに対して教え子のように接することをいやがりました。Zさんは言葉の理解が十分ではなく、場所や時間も適切に理解するのがむずかしいため、職員Sは怒ることが多く、他の職員はZさんが叩かれたり蹴られたりする場面を目にするようになりました。しかし、他の職員は、職員Sにも上司にも報告や忠告はしませんでした。その後、Zさんの長女が施設に面会に来た際に、Zさんの身体のあざや顔の傷に気づき、フロア長に相談したことから、職員Sの虐待が明らかとなり、施設側の対応が求められることとなりました。

Step 1 どこに倫理的な問題があるか、考えてみよう。

Step 2 あなたなら、この問題をどのように解決するか、考えてみよう。

Step 3 「問題解決の6原則」に照らし、「倫理的課題」を明らかにしよう。

問題点① Zさんが職員Sに虐待を受けている生活環境は、Zさんの最良の介護を受ける権利を奪うものであり、法的にも倫理的にも反することが指摘される（倫理的には原則❶～❻のすべてが守られていない）。

問題点② 施設職員は、Zさんが職員Sに叱られたり、暴力を受けたり虐待されている事実を黙認し、上司に報告もせず、職員Sへの指導や忠告もしなかった。この事実は法的にも倫理的にも問題が指摘される（原則❶～❻のすべてが守られていない）。

問題解決の6原則

原則❶：利用者の思いや立場を最優先する。

原則❷：利用者の元気なころの生活環境の維持をめざす。

原則❸：介護実践により利用者のQOLの向上につなげる。

原則❹：利用者にとって予測される危害や不利益を避ける。

原則❺：法律を守り、正しい知識や技術、経験を適切に活かす。

原則❻：分け隔てなく、いつでもだれに対しても尊厳ある介護を実践する。

Step 4 「倫理的調整の規則」に従い、解決の方針を立てよう。

1）問題点①に対して、原則❶～❻が実践できるようにするための工夫

①Ｚさんの行動・思考面の障害に対する職員Ｓの理解の程度について、施設の指導者は把握する必要があり、面接等の実施が求められる。

②職員ＳがＺさんの症状を理解できる場合には、その対応法について説明してもらい、職員Ｓの介護実践力を把握し、施設側は虐待の原因の究明に努める。

③もし、職員ＳがＺさんの症状の根拠を理解できない場合には、今回の虐待の原因は職員Ｓの力不足が予測されるため、Ｚさんの担当から外し、職員Ｓの再教育を工夫する。

④施設の指導者は、全職員に対して、Ｚさんの症状と対応法および虐待の原因について説明する機会を設ける。十分に理解できない職員については、再教育の機会を設けるとともに、同様の症状の利用者への対応時には、指導者を同伴するなど配慮する。

2）問題点②に対して、原則❶～❻が実践できるようにするための工夫

①職員ＳがＺさんを虐待している事実を、他の職員が黙認した行為について、施設長は全職員に対して、不適切であったことを説明し、理解してもらうよう努力する。

②特に、介護職として職業倫理の根幹にふれる行為であることから、問題解決の原則❶～❻に照らして説明し、全職員が理解したか否かの回答をアンケートやレポートの形式で回収す

倫理的調整の規則
①できるだけ不都合や損害を被る人の数を減らすよう、対応を工夫する。
②できるだけ不都合や損害の量を減らすよう、対応を工夫する。

るよう努め、施設長や指導者は全職員の理解度の把握に努める。
　③上記②の結果に基づき、職員の理解や実行のむずかしい倫理的側面について、常時、教育・指導ができるよう、定期的な勉強会の実施や施設内倫理委員会等の設置を工夫する。

3）上記1）と2）の実践をとおし、Ｚさんの介護環境が改善し、施設側の対応方法が整えられ、今後に向けて虐待の再発防止が徹底されるための工夫

①施設長および職員Ｓの上司（指導者）は、Ｚさんや長女と話し合い、Ｚさんにとって意向を伝えやすい環境が調整できるよう、情報を交換し工夫する。

②Ｚさんのように意思疎通のむずかしい利用者の担当の介護職を交代する場合には、事前に相性やその利用者の状況に対する理解度、介護力などを検討することが求められる。

③交代前や交代後に、Ｚさんと新たな担当の介護職の関係性を観察し、施設長や指導者は、虐待や不適切な対応の有無の早期発見に向けて努力する。

④全職員が、意思疎通のむずかしい利用者に対して適切な対応をとれるよう、施設内に勉強会等の教育・相談の体制を設け、相談や報告・学習などがしやすい環境を整備し、再発防止に向けて工夫する。

> **Step 5** 解決の方針に従い、解決に向けた実践をしよう。

1) Zさんが職員Sから虐待を受けないよう環境を整え、Zさんの尊厳を保持するための実践

①施設長と職員Sの上司（指導者）は、職員Sと面接し、Zさんとの関係について職員Sの話を聞き、結果として虐待に至った理由を尋ねたところ、「Zさんが言うことを聞かず、思うようにならなかった」と述べた。

②施設長が職員Sに「なぜ、暴力を振るう前に上司に相談しなかったのですか」と尋ねると「暴力を振るうと、Zさんは自分の言うとおりにしたから」と答えた。

③上司の指導者が「なぜ、Zさんは、あなたの言うことを聞かなかったと思いますか」と聞くと、職員Sは「Zさんは教員だったので、自分のような生徒をばかにしている」と答えた。上司は「Zさんには認知症の症状はなかったのですか」と聞くと、「言葉で言うより態度で脅かしたほうが、自分の言うことを聞くので、理解できると思った」と答えた。

④施設長は職員Sの認知症への対応力不足が、今回の虐待の原因と判断し、職員Sの再教育とZさんの担当から外すことを提案し、担当者会議で了承された。

2) 職員SのZさんへの虐待を他の職員が黙認し放置していた事実に対し、事の重大さを全職員が理解し、再発防止に向けた施設の体制を構築するための実践

①上記1）の事情について倫理的配慮のもと、施設長は全職員に開示した。職員の認知症介護に対する理解不足が原因だとし、全職員に再教育を実施する旨を伝えた。

②介護職が利用者を虐待することも、その事実を無視したり黙認したりすることも、倫理的には最も悪い対応であることを説明し理解を促した。全職員に、各自の考えと今後に向けた目標をレポート（A4、1枚程度）にまとめて提出することを求めた。

③②のレポートの分析の結果、利用者が言うことを聞かないときには、脅したり叩いたりすることは、"やむを得ない"という認識が根強く職員間に存在することが判明した。

④③を受け、役員会および担当者会議で検討した結果、「介護の倫理検討部会」を立ち上げ、事例検討会で問題となった件で倫理的視点からの検討が必要な事例について、毎月の勉強会で取り上げることが提案された。

3）施設内でZさんが安心して生活できるよう、尊厳に配慮した介護環境を整えるための実践

①Zさんの担当は、職員Sから上司の指導者に代わり、職員Sは再教育を受けるため、関連施設で認知症介護実践者研修を修了した職員のもとに異動した。

②Zさんと長女は、交代した新たな担当者（職員Sの上司）と、Zさんの癖や習慣などについて話し合い、Zさんが意思表示を楽にできる関係構築に努めている。

③第1回「介護の倫理検討部会」が開催され、今回のような「施設内の職員による利用者虐待」と「家庭内での家族による利用者虐待」との倫理的解釈と解決法の相違点について学習し、介護専門職の義務と責任の重さを再認識した。

事例27

真実を告げなかったために、夫の臨終に間に合わなかった利用者への対応

　Kさん（84歳、女性、要介護2）は、2年前に脳卒中で倒れて以来、夫（87歳）が身の回りの世話をしていました。3か月前に夫が末期の胃がんと診断され入院したため、現在は訪問介護サービスを利用しています。Kさん夫婦には娘（63歳、既婚）がおり、他県で暮らしていましたが、Kさんの夫の入院を機に実家に戻り、キーパーソンとして頑張っています。先月末、突然、Kさんの夫の主治医から娘に電話があり、「お父さんの状態が急変し、生命の維持がむずかしい状態に入ったので、妻のKさんや関係者に伝えてください」と言われました。

　娘は、ケアマネジャーと介護職に「母は、臆病で神経質なので、事実を伝えたら取り乱すと思う。どうしたらいいでしょうか」と相談しました。その結果、娘だけが病院に駆けつけ、Kさんには、担当の介護職が「ご主人が会いたいとおっしゃっているそうですが、お見舞いに行きますか」と尋ね、Kさんの意向に従うことにしました。そう言われたKさんは「すぐにはむずかしいけれど、体調のよいときに美容室でセットしてから行くって、お父さんに伝えてください」と返答しました。その翌日、Kさんの夫が息を引き取ったと病院から連絡がありました。そこで、娘がKさんに、これまでの経緯を伝えたところ、Kさんは「臨終が近いと言われたら、臆病な私でも、頑張って会いに行ったのに…」と泣き崩れました。

キーパーソン
p.31 参照

> **Step 1** どこに倫理的な問題があるか、考えてみよう。

> **Step 2** あなたなら、この問題をどのように解決するか、考えてみよう。

> **Step 3** 「問題解決の6原則」に照らし、「倫理的課題」を明らかにしよう。

問題点① 娘とケアマネジャー、介護職が、Kさんに対して"夫の状態を適切に伝えること（真実告知）"を避けたことにより、Kさんは、「知る権利の行使」や「適切な自己決定」ができず、夫の臨終に立ち会えなかった点が、問題として指摘される（原則❶、❹、❺が守られていない）。

問題点② 娘から相談を受けたケアマネジャーと介護職の対応に問題が指摘される。つまり、相談を受けたふたりの介護専門職は、告知をしない場合に生じる"Kさんの不都合"を回避できるかどうか検討せず、避けられない状況を予測できず、適切な倫理的対応ができなかった（原則❶、❷、❹、❺が守られていない）。

問題解決の6原則
原則❶：利用者の思いや立場を最優先する。
原則❷：利用者の元気なころの生活環境の維持をめざす。
原則❸：介護実践により利用者のQOLの向上につなげる。
原則❹：利用者にとって予測される危害や不利益を避ける。
原則❺：法律を守り、正しい知識や技術、経験を適切に活かす。
原則❻：分け隔てなく、いつでもだれに対しても尊厳ある介護を実践する。

真実告知
病名だけでなく症状をはじめ一部始終を伝えること。

Step 4 「倫理的調整の規則」に従い、解決の方針を立てよう。

1）問題点①に対して、原則❶、❹、❺を実践するための工夫

① Kさんの「知る権利」や尊厳に配慮し、Kさん自身が自己決定できるような環境づくりを工夫する。適切に判断するには「真実告知」は不可欠であり、Kさん（利用者）に判断能力が残存する限り、「真実告知」の実施に向けた努力が求められる。

② 本事例をとおして、真実を知らされないまま自己決定をしてしまうと、取り返しのつかない場合のあることから、原則❶の本人の意向の最優先の実践の意義を理解する。

③ Kさんに真実告知を受けるかどうかの意志を確認しなかったことに対し、ケアマネジャーと介護職は謝罪し、Kさんの理解が得られるよう努力する。同時に、娘に対しても、適切な助言と対応ができなかったことを謝罪し、理解が得られるよう努める。

2）問題点②に対して、原則❶、❷、❹、❺を実践するための工夫

① 本事例では、真実を知らないKさんに自己決定を求めるという"非倫理的な対応"となったが、倫理的には、Kさんが適切な判断をし、取り乱すことなく理解できるよう、ケアマネジャーと介護職は、真実告知を行うための環境整備をする必要がある。

② 娘から相談を受けたとき、ケアマネジャーと介護職は、Kさんの性格を理由に"真実告知の是非"を判断したが、倫理的には、真実告知の是非は、回避した際に生じる不都合の度合

> **倫理的調整の規則**
> ①できるだけ不都合や損害を被る人の数を減らすよう、対応を工夫する。
> ②できるだけ不都合や損害の量を減らすよう、対応を工夫する。

に委ねられることを、娘に説明し理解を得る必要がある。
③真実告知を避ける場合に、Kさんにとって取り返しのつかない状況が発生するかどうか、そして、それは回避できるのかどうかについて、ケアマネジャーと介護職は見極める必要がある。このような倫理的対応ができなかったケアマネジャーと介護職は猛省すると同時に、倫理的対応の理解と技術習得に向けた努力が求められる。

3）Kさんに対し、娘とケアマネジャー、介護職が謝罪し、信頼関係の回復および再発防止に努めるための工夫

①娘とケアマネジャー、介護職は、Kさんに、夫の臨終に立ち会うことができない状況をつくってしまったことに対し、謝罪することが求められる。同時に、Kさんの心の痛みが少しでも和らぎ、本来の調子が取り戻せるよう、個人因子や環境因子、人間関係などを駆使してQOLや信頼関係の維持・向上に努める。

②上記1）および2）に示すような「倫理的に問題を解決するための対応の技術」を、ケアマネジャーや介護職が十分に実践できなかったことを反省し、今後の再発防止に向けた再教育が求められる。このような実践力を身につけるため、日ごろから勉強したり話し合ったりする環境が必要であり、事業所全体で取り組む姿勢が求められる。

Step 5 解決の方針に従い、解決に向けた実践をしよう。

1) Kさんの真実告知への対応の不備を反省して謝罪し、理解を求めるとともに、Kさんとの信頼関係の再構築に努めるための実践

①夫の死から2週間ほどして、ケアマネジャーは娘に連絡し、まず、娘に会って今回の件を謝罪すると同時に、Kさんとの面接の承諾を得た。

②ケアマネジャーと介護職がKさんに謝罪すると、Kさんは「病院から知らせを受けたときに泣いたのは、自分の至らなさに情けなかったからで、だれも責める気はない。介護でお世話になっている皆さん方には、むしろ感謝している」と話した。

③他方、娘は「母親の性格を知っており、迷ったから、ケアマネさんや介護職さんに相談した。あのとき、適切な助言をいただいていたら…、という思いはある。こんなとき介護専門職から適切な指導をいただけたらありがたい」と話した。

④ケアマネジャーと介護職は、Kさんと娘に、中断していた訪問介護サービスの再開について相談すると、娘は「いったん自宅に戻るので、留守の間は、これまでのケアマネさんと介護職さんにお願いしたい」と話し、Kさんも「よろしく」と頭を下げた。

2)「利用者への真実告知への対応」の認識不足を謙虚に受け止め、"倫理的対応への理論と技術"の理解と習得に向けた実践

①娘の「迷ったときに、適切な助言がほしかった」という言葉に、ケアマネジャーと介護職は"介護専門職の責務の重さ"を再

認識し、これまでの対応を反省した。
② 従来は、真実告知は家族の問題と考え、介護専門職はかかわらないことが多かったが、この事例のように、相談できる身内がいない場合には、ケアマネジャーや介護職に相談する可能性もあり、担当者が倫理的対応の仕方を理解しているかどうかで、利用者の日常は大きく分かれる。ケアマネジャーと介護職は学ぶ必要性を痛感し、研修の機会を得るため、県の介護福祉士会と事業所の教育担当者に相談した。

3）Kさんの日常生活面のQOLが通常に戻るよう、娘とともにKさんの気持ちに寄り添い、倫理的配慮のもと、今回の体験を他の介護職に開示し、再発を防止するための実践

① Kさんは自宅での生活を希望したため、ケアマネジャーは1日3回の訪問介護を提案し、娘の同意を得た（一部、自己負担）。娘は1週間ほどで実家に戻った。その後、Kさんは定期検診で食道がんの疑いが指摘され、入院となった。
② 事業所の事例検討会でこの事例を紹介し、介護専門職が「真実告知」について対応する場合のあり方について、専門家に講義を依頼した。多くの職員が、アンケートに「はじめて聞く有意義な話だった」と回答した。

事例28

利用者に病名を告げることについて、家族間で意見が分かれる場合の対応

　Ｆさん（87歳、男性、要介護3）は、2年ほど前に脳卒中で倒れ、後遺症として、軽度の左下肢麻痺と嚥下障害が残りました。その後は、自宅で妻（83歳）や長男家族と生活し、週に2回、デイサービスに通っていました。最近、風邪をこじらせて入院しましたが、食欲がなく、体重の減少が見られたため胃腸の検査を行った結果、末期に近い胃がんであることがわかりました。

　主治医はＦさんの妻と家族に病名告知を行い、Ｆさんにも事実を伝える必要があることを説明し、告知のあり方について相談しました。しかし、妻は夫にがんであることを伝えてほしくないと言い、「よくなることを信じて頑張っている夫に、がんの告知はむごい」と訴えました。一方で、長男夫婦は、主治医の考えに従い、Ｆさんへの病名告知に同意しました。

　主治医は、ケアマネジャーにＦさんの状況と家族の見解の相違を伝え、家族と一度、話し合ってもらいたい旨を依頼してきました。ケアマネジャーはデイサービスの担当の介護職とともに家族と話し合い、主治医や長男夫婦の意向に従うよう、Ｆさんの妻に勧めました。

病名告知
p.174 参照

> **Step 1** どこに倫理的な問題があるか、考えてみよう。

> **Step 2** あなたなら、この問題をどのように解決するか、考えてみよう。

> **Step 3** 「問題解決の6原則」に照らし、「倫理的課題」を明らかにしよう。

問題解決の6原則
原則❶：利用者の思いや立場を最優先する。
原則❷：利用者の元気なころの生活環境の維持をめざす。
原則❸：介護実践により利用者のQOLの向上につなげる。
原則❹：利用者にとって予測される危害や不利益を避ける。
原則❺：法律を守り、正しい知識や技術、経験を適切に活かす。
原則❻：分け隔てなく、いつでもだれに対しても尊厳ある介護を実践する。

問題点① 主治医は、最初に家族に病名告知をしたが、まずはFさんに病名告知を受けたいかどうかの意向を確認すべきであり、Fさんの意向より家族の意向が優先されている点が、問題として指摘される（原則❶、❷、❺、❻が守られていない）。

問題点② ケアマネジャーと担当の介護職が、Fさんの妻に意向の変更を促した点と、病名告知がなされない場合に生じ得る"Fさんの不都合"を回避する手立てを検討していない点が、問題として指摘される（原則❶、❹、❺が守られていない）。

Step 4 「倫理的調整の規則」に従い、解決の方針を立てよう。

1）問題点①に対して、原則❶、❷、❺、❻を実践するための工夫

①主治医は最初に、病名告知を受けるかどうかをFさんに確認する必要があり、家族に対する告知も、本来ならFさんの許可が必要とされる。しかし、日本では、本人への告知は、この事例のように家族から同意を得て行う場合が多い。

②主治医はFさんに、病名告知を受けたいかどうかの意向を確認するためのインフォームド・コンセントを行う必要がある。

③主治医は、②の結果を家族に伝え、Fさんの意向に従い、家族とFさんへの病名告知の方針を検討し、Fさんへの病名告知、続いて、家族への告知を実施する。

③①〜③の過程を適切に進めるため、主治医とケアマネジャー、担当の介護職は協力し合い、Fさんが病名告知を受けやすくするための環境づくりを工夫する。

2）問題点②に対して、原則❶、❹、❺を実践するための工夫

①ケアマネジャーと担当の介護職は、Fさんの意向を受け止め理解することが求められる。家族の了解を得て主治医に連絡し、入院中のFさんと面会することが求められる。

②Fさんの考えを理解したうえで家族と話し合い、Fさんへの病名告知の実施に向けて、長所（Fさんの知る権利の施行など）と短所（知ることで生じる心理的混乱など）を説明し、Fさんの権利の施行の必要性と、実施したときに生じる不都合を回避する手立てについて、理解してもらえるよう工夫

倫理的調整の規則
①できるだけ不都合や損害を被る人の数を減らすよう、対応を工夫する。
②できるだけ不都合や損害の量を減らすよう、対応を工夫する。

する。
③告知した場合と告知しなかった場合に生じる"Fさんの不都合"を予測し、どちらの不都合を回避することが倫理的で容易かを比較し、Fさんへの病名告知の是非を検討するよう家族に説明し、一緒に考え支援することが求められる（利用者の「病名告知」に対する"介護職の倫理的対応"についてはp.174参照）。

3）上記1）と2）の実践をとおし、Fさんと妻が尊厳に配慮された生活環境のなかで、安心して暮らせて、QOLが維持できるための工夫

①病名が告知されないまま終末期に入った場合には、Fさんは、死に対する心の準備や身辺整理を行えない状況となることを、Fさんの妻に理解してもらえるよう工夫が求められる。
②病名告知を受け入れる心の準備をFさんができるよう、家族の協力を得て、ケアマネジャーと担当の介護職は支援する努力をし、安心してFさんが告知を受け、生きがいをもって残りの人生を過ごせるよう、生活支援のあり方を工夫する。

Step 5 解決の方針に従い、解決に向けた実践をしよう。

1）主治医とケアマネジャー、担当の介護職が協力し、Fさんが"病名告知に向けた心の準備"をするための環境を整えるための実践

①ケアマネジャーと担当の介護職は主治医に連絡して、Fさんの妻に再度インフォームド・コンセントの必要性を訴え、実施された。その結果、妻は病名告知の意義を理解し、Fさん

への病名告知を前向きに考えたいと話した。

②主治医がFさんに、病名告知を受けたいかどうか意向を確認したところ、「他の人はどうしているんですか」と尋ね、「大したことでないなら、家族に任せていい」と答えた。

③主治医は、妻と長男夫婦に、Fさんの意向を伝えたところ、妻は「お父さん（Fさん）は、あまり今の状況を深刻に受け止めていないので、ひどくなったときに後悔するかもしれない」「病名告知をしたほうがいいのかもしれない」と言い、長男夫婦も同意した。家族の反応を受け、主治医は再度、Fさんの意向を確認することにした。

④③を受け、ケアマネジャーと担当の介護職は、家族と協力して、さまざまな事例をFさんにさり気なく伝え、Fさんが心の準備をしやすいよう配慮した。

2）Fさんに病名告知をしない場合に生じる"Fさんの不都合や不利益"をFさんの妻が理解し、Fさんへの病名告知に同意できるようにするための実践

①ケアマネジャーと担当の介護職は、少し前向きになった妻に、Fさんに病名告知をしない場合に生じる問題について、これまで経験したり聞いたりした話をした。終末期になって、Fさんから「病名を知りたかった。治療もしたかった。やりたいこともあったのに」と言われたときどうするかを尋ねると、妻は「知らないほうが、かえって残酷なのかもしれない」と答えた。

②ケアマネジャーは、妻の気持ちの変化を主治医に伝え、Fさんへの病名告知が可能な状況にあることを伝えた。主治医はFさんに再度、意向を確認した。Fさんは、「私は知りませんでしたが、最近は、病名告知を希望する患者さんが多いん

だね」と言い、「私も、先生にお任せします」と答え、それから1週間後、病名告知が実施された。

3) 上記1) と2) をふまえ、Fさんと妻が、病名告知の内容を共有し、重荷を分け合い、毎日安心して生活できるよう、QOLと尊厳に配慮した支援を行うための実践

①妻は折にふれ、テレビや雑誌などに紹介されるがん患者の生き方などについてFさんにわかりやすく伝え、「まだ、お父さんのほうがいい状態だね」「だれでもいつかはあの世だね」「そろそろ家に帰るか」など、励ましの言葉を贈り、Fさんを支援している。

②その後、主治医の許可を得てFさんは3週間ぶりに自宅に戻った。居宅サービスを受けながら、Fさんと妻は家族との日常を大切に思いつつ生活を楽しんでいる。

居宅サービス
p.34 参照

事例28について、もう少し掘り下げて考えてみよう！

介護職に求められる「病名告知」への対応

▼

　ややもすると、医療職と異なり介護職は「病名告知」については無関係だと考えられがちです。しかし、そうではないように思われます。家族や利用者が、担当の介護職には病名を知られたくないと主張しても、また、家族が利用者には病名を知らせたくないと主張しても、利

用者に不都合や損害が生ずるような場合には、本人にはもちろんのこと、守秘義務を条件に介護職にも病名の告知が必要となるように思われます。したがって、適切な病名告知が行われない場合に生じやすい"利用者の不都合や損害"について理解を深め、それらを回避し、適切な対応ができるよう努めることが大切です。

対応①　食事や運動、姿勢などの介助について、さまざまな指示や制限が出されているときには、原因となる疾患が影響していることが多い。もし病名が伝えられていない場合には、上司や責任者に相談し、必要に応じて病名の開示を求め、効率よく支援できる環境を整える。

対応②　介助の際には、コミュニケーションが大切となるが、担当の介護職が利用者の病名を知らない場合には、利用者を傷つける話題や言葉を発したり、不用意な受け答えをする恐れがあることを、上司や責任者に伝え、必要に応じて病名の開示を求め、適切な支援環境を整える。

対応③　利用者には病名を告知しない一方で、介護職や医療職など関係者には病名が開示されている場合、利用者のパートナーとして支援する介護職は、家族と利用者の板挟みで悩むような状況に陥りやすい。
このような場合には、本書の「倫理的検証の視点」

（p.20参照）を手がかりに問題点を見つけて上司や責任者に相談し、介護職として"利用者の知る権利"の大切さを家族に理解してもらえるよう体験談や事例を伝え、利用者にとって適切な生活環境が整えられるよう努める。真実告知を避けるよりも、倫理的には"共に乗り越える姿勢"が介護職には求められるように思われる。

デンマークの高齢者介護施設の居室。2人部屋で、ほとんどの家具は利用者の持ち込み

胃ろうの造設について、家族と専門職の意向が異なる場合の対応

　Mさん（68歳、女性、要介護3）は、夫（71歳）とふたりで暮らしています。4年前にALS（筋萎縮性側索硬化症）と診断されましたが、2年ほど前まで家事をこなし、ほぼ自立していました。しかし、その後、嚥下困難を訴え、家事も困難になってきました。そこで、昨年から、週3回の訪問介護サービス（食事介助と家事援助）を開始しました。今年に入って、Mさんは誤嚥性肺炎となり、痰の吸引の介助も必要となったため、夫は、近所に暮らす長女夫婦に相談し、Mさんも同意して、先月、施設に入所となりました。

　入所から1か月ほどして、Mさんの食事形態について長女が電話で苦情を訴えてきました。長女は、入所するまでMさんは経口摂取しており、入所後も長女が持参したプリンを喜んで食べたと主張しました。Mさんが施設での経管栄養摂取は嫌いだと言うので、何とかしてほしいと要望しました。主任が担当の介護職に確認したところ、「家族には説明しましたが、経口摂取はむずかしいと思います。言語聴覚士はPEG（胃ろう造設術）を勧めています」と話しました。主任はケアマネジャーと担当の介護職に、家族やMさんと話し合うが必要があることを伝え、本件についてスタッフ会議で検討することにしました。

誤嚥性肺炎
食物や異物を気管内に吸い込んでしまうことによって生じる肺炎。

経管栄養法
口から食べることが困難な利用者に実施する栄養摂取法。経鼻・経腸・胃ろう（PEG）・食道ろうからチューブを通して栄養を摂取する。

PEG
p.54 参照

Step 1
どこに倫理的な問題があるか、考えてみよう。

Step 2
あなたなら、この問題をどのように解決するか、考えてみよう。

Step 3
「問題解決の6原則」に照らし、「倫理的課題」を明らかにしよう。

問題点① 施設入所の際、担当の介護職は、Mさんの食事に対する施設の意向や食事形態について、家族にだけインフォームド・コンセントを行い、Mさんには実施しなかったことが、問題点として指摘される（原則❶、❹、❺、❻が守られていない）。

問題点② Mさんの食事形態が、専門職の視点で決定され、Mさんや家族の意向が反映されないうえ、経管栄養摂取で生じるさまざまな不都合や不満に対する配慮がなされていないことが、問題点として指摘される（原則❶、❸、❹が守られていない）。

インフォームド・コンセント
p.32 参照

問題解決の6原則
原則❶：利用者の思いや立場を最優先する。
原則❷：利用者の元気なころの生活環境の維持をめざす。
原則❸：介護実践により利用者のQOLの向上につなげる。
原則❹：利用者にとって予測される危害や不利益を避ける。
原則❺：法律を守り、正しい知識や技術、経験を適切に活かす。
原則❻：分け隔てなく、いつでもだれに対しても尊厳ある介護を実践する。

Step 4 「倫理的調整の規則」に従い、解決の方針を立てよう。

1) 問題点①に対して、原則❶、❹、❺、❻を実践するための工夫

①担当の介護職は、家族よりも、まずMさんに、入所後の食事形態について、インフォームド・コンセントを行うことが求められる。

②Mさんが、周りに気遣うことなく、自分の意向を表現できるように、担当の介護職は、尊厳に配慮した環境を整えることが求められる。

③担当の介護職は、Mさんの意向を家族やケアマネジャーが理解できるよう、Mさんと家族、ケアマネジャーが、一緒に話し合える機会を設けることが求められる。

④①〜③を経て、できるだけMさんや家族の意向を優先しつつも、Mさんの食事形態については、専門職と連携し、適切に対応することが求められる。

2) 問題点②に対して、原則❶、❸、❹を実践するための工夫

①担当の介護職は、Mさんの経口摂取の可能性について、長女が主張するように、好物については本当に経口摂取が可能なのか、Mさんの同意を得て観察し、実際に確認することが求められる。

②①の結果が、施設側の専門職の見解とは異なり、経口摂取の可能性が少しでも示唆される場合には、Mさんと家族に結果を伝え、再度、医師、言語聴覚士のほか関係する職員と話し合い、再検討が求められる。

③①の結果が、現在施設で提供する経管栄養摂取を支持する場

倫理的調整の規則
①できるだけ不都合や損害を被る人の数を減らすよう、対応を工夫する。
②できるだけ不都合や損害の量を減らすよう、対応を工夫する。

合には、Mさんと家族に伝えると同時に、特に、長女には、Mさんの症状と食事形態について、医師または言語聴覚士から再度説明してもらい、十分に納得してもらえるよう努める。

④③の場合には、Mさんや長女の気持ちに応える意味も含め、経管栄養摂取にこだわるだけでなく、施設側の前向きに工夫する姿勢や代替案を示すことが求められる。

3）上記1）と2）の実践をとおし、Mさんも家族も安心して生活できるよう、Mさんおよび家族の尊厳に配慮した支援を行うための工夫

①ケアマネジャーと担当の介護職は、できるだけMさんの意向を尊重し、"Mさんの望む日常生活"に近いものが実現するよう倫理的配慮のもと、支援することが求められる。

②Mさんの満足度を高めるため、"食事形態"を再検討することに加え、家族に安心してもらえるよう、尊厳に配慮した支援体制を整えることが求められる。

Step 5 解決の方針に従い、解決に向けた実践をしよう。

1）Mさんが担当の介護職から"食事形態"についてインフォームド・コンセントを受けることができ、Mさんの意向も伝えることが可能な"尊厳に配慮した環境"を整えるための実践

①家族との話し合いに先立ち、担当の介護職は、Mさんにインフォームド・コンセントを実施し、食事に対する要望や不満などを聞いたところ、経口摂取を希望するものの、誤嚥性肺炎の経験などから、不安も大きいことがわかった。

②Mさんと夫、長女は、施設職員から、施設で提供する経管栄養について再度、説明を受け、嚥下機能評価の視点からも妥当な対応であることが伝えられた。

③②に対し、長女は「私が母の好きなプリンやアイスクリームを持参すると、母は喜んで食べるのに、本当に経口摂取は無理なのですか」と聞いた。

④①～③をふまえ、言語聴覚士を含む施設の専門スタッフで検討し、できるだけMさんや家族の意向に応える努力を約束するとともに、主任は、「Mさんの症状を十分に理解してほしい」と長女に伝えた。

2）Mさんの食事に対する要望を理解すると同時に、嚥下障害の実際も受け止めて、適切な食事形態を実現するための実践

①担当の介護職は言語聴覚士と相談し、Mさんの経口摂取の可能性を確認するため、Mさんの了解を得て、好物のプリンの経口摂取を試みた。口腔内にプリンを急に運んだときはむせたり、嚥下に時間を要したが、口腔内マッサージや発声・深呼吸などを行ってから、プリンを口に運んだ場合には、ほぼ嚥下は可能であった。

②①の結果を家族に伝え、担当の介護職は主任と相談し、スタッフ会議で検討した。

③②の結果、代替案として、Mさんの好物のプリンなどは、口腔内の準備運動の実施を条件に経口摂取を試み、通常の食事は、原則、経管栄養摂取とすることが提案された。

④③の代替案を、Mさん、夫、長女に示すと、全員から同意を得たため、当分の間、言語聴覚士と連携して、Mさんの食事介助を行うことにした。

3）上記1）や2）の実施により、Mさんや家族が、Mさんの食事形態について納得すると同時に、家族が安心してMさんを施設に委ねられるよう、支援体制を構築する実践

①家族と離れて暮らすMさんは、発話が苦手になっているので、ケアマネジャーや介護職は、Mさんの意向を注意深く確認するよう心がけ、満足が得られるよう支援する。

②食事形態について納得したものの、施設でのMさんの生活を心配する家族に対して、ケアマネジャーと介護職は、Mさんの食事の様子や生活の様子について、折にふれて伝えるよう努め、家族に寄り添うための支援体制を構築する。

Column

インフォームド・コンセントの際の「同意」の確認は？

　介護の現場で、利用者本人の同意を確認する場合には、「文書」で行うことが一般的です。施設側は事前に、確認したい内容を文書にまとめ、それを施設の責任者や担当職員、ケアマネジャー等の同席のもと、利用者および家族に渡します。その場で担当者が文書を読み上げて説明し、質疑応答を経て、利用者および家族が内容を理解したことを確認し、同意書に押印（サイン）をもらいます。同意を得た日時・場所を記入し、できれば本人の覚醒状態や体調などを記録として残すことを心がけましょう。

　上記のように、同意を文書で確認することがむずかしい場合には、内容を口頭で説明し、説明した内容の概略をメモとして作成して、利用者と家族に渡し、確認のサインをもらい、同意を得たとみなすこともありますが、できるだけ、文書で「同意」を得ることを心がけましょう。

事例30

"利用者が望む介護"について、介護職と看護職で理解が異なる場合の対応

　Ｇさん（89歳、女性、要介護3）は、夫と死別し、ひとりで暮らしていました。昨年7月、糖尿病の悪化による視力の低下と軽度認知症が見られ、心配した長男（62歳）と長女（59歳）、次男（55歳）は、主治医に相談し、昨年10月に施設入所となりました。

　Ｇさんは元来明るい人柄で、職員との仲も良好です。入所後半年ほどが経過したころ、看護師が「介護職のＵさんが、ときどきＧさんに飴を差し入れしている」と主任に訴えてきました。施設では、糖尿病のＧさんに糖類禁止の指示が出されていたので、主任は職員Ｕに確認したところ、職員Ｕは、Ｇさんから「大好きな飴が食べたい！死んでもいい、病気が悪くなってもいいから、飴を買って来て」と頼まれたと言い、「自分の持っている飴を少しあげたら、涙を流して喜んだ。Ｇさんが強く希望している飴を禁止し、食べたくない食事を無理やり介助するのが辛い」と言いました。主任から経緯を聞いた看護師は「困ります。絶対にＧさんに甘い菓子類はあげないでください」と言いました。主任がＧさんに「施設に来てから、何か困ったことはありませんか」と尋ねると、Ｇさんは「家にいたときは、息子や娘に頼んで飴を買って来てもらえたけど、施設ではダメダメで、本当に困る。もうすぐ迎えが来る歳なんだから、好きなものを食べさせてほしい」と訴えました。

Step 1 どこに倫理的な問題があるか、考えてみよう。

Step 2 あなたなら、この問題をどのように解決するか、考えてみよう。

Step 3 「問題解決の6原則」に照らし、「倫理的課題」を明らかにしよう。

問題点① Gさんの意向について十分に配慮されないまま、Gさんは不満足で我慢を強いられる日常生活を過ごしている点が、問題として指摘される（原則❶～❻のすべてが守られていない）。

問題点② 糖尿病のGさんに対する看護師の生活指導と職員Uの生活支援の方針が一致していないにもかかわらず、連携に向けた適切な調整がなされておらず、GさんのQOLと尊厳が侵されている（原則❶～❻のすべてが守られていない）。

問題解決の6原則
原則❶：利用者の思いや立場を最優先する。
原則❷：利用者の元気なころの生活環境の維持をめざす。
原則❸：介護実践により利用者のQOLの向上につなげる。
原則❹：利用者にとって予測される危害や不利益を避ける。
原則❺：法律を守り、正しい知識や技術、経験を適切に活かす。
原則❻：分け隔てなく、いつでもだれに対しても尊厳ある介護を実践する。

「倫理的調整の規則」に従い、解決の方針を立てよう。

1）問題点①に対して、原則❶～❻を実践するための工夫

① Gさんの希望する飴を禁止するのは、医学的根拠に基づく方針であり、一般的に正しいとされる。しかし、Gさんは、治療の目的である"症状改善と延命"を希望せず、息子や娘もGさんの要望を認め、医療的側面より、Gさんの生活面の満足度を優先している。正しいことでも利用者への強制は適切とはいえない。

② このような場合には、看護師の主張する糖類禁止が守られる場合と守られない場合の"Gさんの健康状態の変化"を予測してまとめ、Gさんと息子や娘に説明し、糖類禁止を守るかどうか選択してもらう。

③ ②の結果、もし、糖類禁止を選択した場合には、そのときに生じるGさんの不満や心理的苦痛を回避する手立てがとれるかどうか検討する。また、もしも糖類解禁を選択した場合には、それによって生じるGさんの"症状悪化や不都合"を回避することが可能かどうかを検討する。糖類禁止の場合と解禁の場合について検討した結果を、Gさんと息子や娘に説明し、どちらを選択するか委ねる。選択にあたっては、看護師や主治医など関係者の意見や他の事例を紹介するなど、選択しやすい環境を整える。

2）問題点②に対して、原則❶～❻を実践するための工夫

① 連携の倫理では、他の職種と連携する場合には、互いの専門性を認め合うことが必要であり、看護職と介護職で異なる対応が示される場合には、両方の対応の長所と短所を検証し、

倫理的調整の規則
①できるだけ不都合や損害を被る人の数を減らすよう、対応を工夫する。
②できるだけ不都合や損害の量を減らすよう、対応を工夫する。

連携の倫理
詳しくは、巻末「参考文献」5）を参照。

対応の妥当性を吟味することが求められる。
②①の結果、どちらの対応も妥当と思われる場合には、Gさんと息子や娘に、両方の対応の長所と短所を説明し、どのように対応したいか意向を示してもらう。その際、多くの事例や関係する専門職の意見等を紹介し、意向を示しやすい環境を整えることが求められる。
③②で、Gさんと息子や娘の意見が分かれたり、いずれか一方の選択がむずかしい場合には、息子や娘の同意のもと、Gさんの意向に沿いつつ両専門職の方針の長所を活かす形で、生活支援を行うことが求められる。

3）上記1）と2）の実践をとおし、GさんのQOLが向上し、尊厳ある生活を送るための工夫

①Gさんにとって、糖類禁止の状況がストレスとならないように、担当の介護職には生活環境を整えることが求められる。
②飴など糖類の摂取を禁止した場合の長所と短所をGさんに理解してもらい、看護師と担当の介護職の適切な連携により、Gさんの健康状態が維持でき、QOLや尊厳が保持される生活支援体制を整える工夫が求められる。

Step 5　解決の方針に従い、解決に向けた実践をしよう。

1）Gさんの意向に配慮し、Gさんにとって有意義な毎日が過ごせるようにする実践

①担当の介護職とケアマネジャーは、Gさんと糖尿病への対応や好物の飴の禁止の件について話し合った。Gさんは「何の楽しみもない。何のために生きているのかね。これもダメ、

あれもダメって」と言った。担当の介護職が「Gさんの病気が悪くならないようにするためです」と言うと、Gさんは、「もう、お父さんもあっちで待っているし、思い残すことなく過ごしたい…」と不明瞭な発音だが懸命に訴えた。

②担当の介護職とケアマネジャーは息子と娘に面接して、①のGさんの気持ちを伝えると、「私たちは母のしたいようにしてもらっていいと思う。糖尿病も40年以上頑張って治療してきたし、好きなこともできず、自分の家で家族と一緒に暮らすこともできない今、これ以上、何かを禁止したり我慢させたりしたくはない」と話した。

③担当の介護職は、①と②を主任と看護師に伝え、Gさんや息子、娘、そして関係者で話し合いたい旨を提案すると、関係する全員が了承し、週末に施設で話し合いを行った。その結果、医療的側面に配慮しつつも、Gさんの要望をできるだけ受け入れる方向で全員の同意が得られた。

2）Gさんの糖尿病に関する施設での対応が適切になされ、GさんのQOLが維持されるよう、生活支援体制を整える実践

①Gさんや息子、娘の意向に配慮し、看護師は施設の管理栄養士と相談して、低糖の飴や有害とならない甘味料等を使用した調理を工夫し、できるだけGさんの好みの献立を準備して、満足してもらえるよう試みることにした。

②①の結果、職員からの「禁止」の言葉が減少し、ときどき好きな飴を食べられるようになったGさんは、「ありがとう」という言葉が増え、笑顔を見せるようになった。同時に「やっぱり、我慢する」と言って、自主的に糖類を制限するようになり、看護師にほめられるようになってきた。

3）Gさんの意向が反映され、QOLや尊厳が保持されるよう生活環境を整える実践

① Gさんの意向がある程度叶えられるようになったことで、Gさんの気持ちに余裕が生まれたようで、糖類を禁止していたころより、自主的に糖尿病の治療に参加し実践するようになってきた。食事介助をしている介護職に「これは甘いけど、大丈夫？」と確認することもある。

② ケアマネジャーや息子、娘が訪問すると、「全部してもらえるので、楽だね」「私のことは心配いらないから」などと話し、以前のように、Gさんから不満の言葉を聞くことは少なくなった。長女は「自宅にいたころの母に、戻った気がする」と言った。

アメリカ・ロサンゼルスにある日系人のための高齢者介護施設。ひな人形が飾られている

（参考）
日本介護福祉士会倫理綱領

1995年11月17日宣言

前文

　私たち介護福祉士は、介護福祉ニーズを有するすべての人々が、住み慣れた地域において安心して老いることができ、そして暮らし続けていくことのできる社会の実現を願っています。

　そのため、私たち日本介護福祉士会は、一人ひとりの心豊かな暮らしを支える介護福祉の専門職として、ここに倫理綱領を定め、自らの専門的知識・技術及び倫理的自覚をもって最善の介護福祉サービスの提供に努めます。

1. 利用者本位、自立支援

　　介護福祉士はすべての人々の基本的人権を擁護し、一人ひとりの住民が心豊かな暮らしと老後が送れるよう利用者本位の立場から自己決定を最大限尊重し、自立に向けた介護福祉サービスを提供していきます。

2. 専門的サービスの提供

　　介護福祉士は、常に専門的知識・技術の研鑽に励むとともに、豊かな感性と的確な判断力を培い、深い洞察力をもって専門的サービスの提供に努めます。また、介護福祉士は、介護福祉サービスの質的向上に努め、自己の実施した介護福祉サービスについては、常に専門職としての責任を負います。

3. プライバシーの保護

　　介護福祉士は、プライバシーを保護するため、職務上知り得た個人の情報を守ります。

4. 総合的サービスの提供と積極的な連携、協力

　介護福祉士は、利用者に最適なサービスを総合的に提供していくため、福祉、医療、保健その他関連する業務に従事する者と積極的な連携を図り、協力して行動します。

5. 利用者ニーズの代弁

　介護福祉士は、暮らしを支える視点から利用者の真のニーズを受けとめ、それを代弁していくことも重要な役割であると確認したうえで、考え、行動します。

6. 地域福祉の推進

　介護福祉士は、地域において生じる介護問題を解決していくために、専門職として常に積極的な態度で住民と接し、介護問題に対する深い理解が得られるよう努めるとともに、その介護力の強化に協力していきます。

7. 後継者の育成

　介護福祉士は、すべての人々が将来にわたり安心して質の高い介護を受ける権利を享受できるよう、介護福祉士に関する教育水準の向上と後継者の育成に力を注ぎます。

参考文献

1) 長町裕司・永井敦子・高山貞美『人間の尊厳を問い直す』、上智大学出版、2011年
2) 菅野カーリン「聖書における人間の尊厳」、『人間の尊厳を問い直す』（長町裕司ほか編）、第1章、上智大学出版、2011年
3) ホセ・ヨンパルト・秋葉悦子『人間の尊厳と生命倫理・生命法』、成文堂、2006年
4) 中村裕子「介護福祉士の倫理と専門職規定」、『人間の尊厳と自立（第2版）』（白澤政和編）第3章、ミネルヴァ書房、2013年
5) 中村裕子「尊厳保持への介護福祉士の対応」、『人間の尊厳と自立（第2版）』（白澤政和編）第4章、ミネルヴァ書房、2013年
6) 中村裕子監訳、Bernat. J. L. 著『臨床家のための生命倫理学』、協同医書出版社、2007年
7) 永安幸正・立木教夫監訳、Tom. L. Beauhamp・James F. Childress 著『生命医学倫理 第3版』、成文堂、1997年
8) 中村裕子・野村豊子編『コミュニケーション技術』、新 介護福祉士養成講座5、中央法規出版、2009年
9) 中村裕子「介護福祉士の倫理」、『介護の基本Ⅰ』第3章、最新 介護福祉士養成講座3、中央法規出版、2019年
10) 前田正一監訳、Nancy Berlinger・Bruce Jennings・Susan M. Wolf 著『ヘイスティングス・センターガイドライン：生命維持治療と終末期ケアに関する方針決定』、金芳堂、2016年
11) 立木教夫・足立智孝監訳、Tom. L. Beauhamp・James F. Childres 著『生命医学倫理 第5版』、麗澤大学出版会、2009年
12) 黒澤貞夫『人間科学的生活支援論』、ミネルヴァ書房、2010年
13) 白澤政和編『ストレングスモデルのケアマネジメント』、ミネルヴァ書房、2009年
14) 古川孝順『社会福祉学序説』、有斐閣、1994年
15) 筒井孝子『高齢社会のケアサイエンス―老いと介護のセイフティネット』、中央法規出版、2004年
16) 新田國男編著『家で死ぬための医療とケア―在宅看取り学の実践』、医歯薬出版、2007年
17) 森岡正博「『人間のいのちの尊厳』についての予備的考察」、『Heidegger-Forum』vol.8、2014年
18) 中村裕子「要介護者の尊厳を支えるコミュニケーションの意義と実践の在り方―人間の尊厳の倫理的解釈に基づく介護実践の検討」、『介護福祉』No.103、2016年
19) 中村裕子「研究倫理の果たす役割と誕生の背景」、『介護福祉学』vol. 23、No.1、2016年
20) 保呂篤彦「人間の尊厳をめぐって―バイオエシックスとカント」、『岐阜聖徳学園大学紀要』42号、2003年

おわりに

　本書の感想は、いかがでしたか。介護現場における困りごとには、「正解」という唯一の明確な答えは、見つけ難いかもしれませんが、倫理的な考え方を身につけることで、他人に迷惑をかけることが少なくなったり、お互いに傷つくことが少なくてすんだり、問題の解決に前向きになれるのではないかと思います。

　しかし、こうしている間にも、介護現場では、さまざまな困りごとや事件が生じています。事故や事件を"やむを得ないこと"と考えず、できる限りをつくして、利用者の命や生活を守ると同時に、「加害者」となる人の命や生活をも守り、事前に防ぐことができるようになることが、現場で働く私たち専門職の役割ではないかと思います。

　臨床倫理（学）や介護の倫理（学）は、人の生命にかかわる仕事に従事する者の基本となる学問であり、知識や技術を有意義に使うための方法を示すものです。本書は、問題解決の過程を、わかりやすく5つのステップに区切り、倫理理論に従って、ステップごとに説明を試みました。しかし、正解は一つではありません。本書の事例を参考に、読者の皆さまはいろいろ工夫してみてください。そして、わからなくなったときには、必ず、「倫理的検証の視点」および「問題解決の6原則」に立ち戻ってみてください。きっと、新たな気づきが得られることでしょう。本書を通して、少しでも困りごとの解決のお手伝いができることを心より願っています。

　最後に、約3年間、励まし、そしてご助言・ご協力をいただいた須貝牧子さんをはじめ中央法規出版株式会社の皆さまに心より厚くお礼申し上げます。

2019年10月　中村裕子

著者紹介

中村裕子（なかむら　ひろこ）
株式会社日本ヒューマンヘルスケア研究所所長
医学博士、保健学修士

1978 年	東北大学医学部神経内科入局
1982 年	米国カリフォルニア州立大学（UCLA）医学部行動神経学（Prof.Benson）に教官助手で留学（〜 1984）
1989 年	東北大学医学部にて医学博士号取得、研究・臨床に従事
1993 年	東京大学医学系大学院前期博士課程入学、保健学修士号取得
1995 年	東京大学医学系大学院後期博士課程に進学、満期修了（〜 1999） 米国ジョージタウン大学ケネディ生命倫理学研究所に客員研究員で留学（〜 1996）
1996 年	仙台白百合女子大学人間学部生活福祉専攻教授（〜 2009）
2009 年	株式会社日本ヒューマンヘルスケア研究所を設立（〜現在）
2010 年	聖隷クリストファー大学社会福祉学部教授
2011 年	聖隷クリストファー大学社会福祉学部臨床福祉学科長、大学院修士・博士課程教授（〜 2017）
2017 年	株式会社日本ヒューマンヘルスケア研究所代表取締役・所長（〜現在）

お問い合わせ

株式会社日本ヒューマンヘルスケア研究所
kenkyujo@humanhc.co.jp

介護現場の「困りごと」解決マニュアル
倫理的視点で読み解く30事例

2019年12月15日　発行

著　者　　中村裕子
発行者　　荘村明彦
発行所　　中央法規出版株式会社
　　　　　〒110-0016　東京都台東区台東 3-29-1 中央法規ビル
　　　　　営　　業　TEL 03-3834-5817　FAX 03-3837-8037
　　　　　書店窓口　TEL 03-3834-5815　FAX 03-3837-8035
　　　　　編　　集　TEL 03-3834-5812　FAX 03-3837-8032
　　　　　https://www.chuohoki.co.jp/

印刷・製本　　　　　　株式会社ルナテック
装丁・本文デザイン　　株式会社ジャパンマテリアル／岩﨑珠海

ISBN978-4-8058-5961-2
定価はカバーに表示してあります。

落丁本・乱丁本はお取り替えいたします。
本書のコピー、スキャン、デジタル化等の無断複製は、著作権法上での例外を除き禁じられています。また、本書を代行業者等の第三者に依頼してコピー、スキャン、デジタル化することは、たとえ個人や家庭内での利用であっても著作権法違反です。